Menorca

W0194482

Kristina Albert

Inhalt

Bienve

Wie eine Festung aus Stein – schroff und abweisend – präsentiert sich Menorca auf den ersten Blick. Erst bei genauerem Hinsehen offenbart die zweitgrößte Baleareninsel ihre versteckten Reize: faszinierende, ursprüngliche Natur mit fruchtbaren Schluchten, lieblichen Badebuchten und sanft gewelltem Hügelland. Rund um die blendend weiß gekalkten Bauernhäuser erstreckt sich

nidos!

eine von Menschenhand geschaffene Kulturlandschaft mit kunstvoll aufgeschichteten Trockensteinmauern, rätselhaften Steinmonumenten aus grauer Vorzeit und zahlreichen kulturellen und kulinarischen Highlights. Im Westen liegt Ciutadella, eine der schönsten Städte Spaniens, und im Osten erstreckt sich Port Maó, der größte Naturhafen im Mittelmeer.

Menorca
"Die spröde Schönheit"

Dunkle Schieferlandschaft, steinige Felder, stachelige Vegetation, eine flache Landschaft ohne besondere Höhen und Tiefen lassen die Insel anfangs recht monoton erscheinen. Aber der erste Eindruck täuscht, denn bei Streifzügen durch duftende Kiefern- und Steineichenwäldchen, über grüne Weiden und blühende Wiesen, lernt man die verborgenen Schönheiten der Insel kennen: gepflegte Gemüsegärtchen, Orchideen, die in feuchten Talsohlen blühen, blitzsaubere Bauernhöfe und blumenumrankte schneeweiße Ferienhäuser. Schon im Januar verwandeln sich die grünen Felder in gelbe Blütenteppiche, auf denen pechschwarze Pferde weiden und mehr als 20 000 Kühe grasen, deren Milch für die Herstellung des berühmten menorquinischen Kuhkäses verwendet wird. Oft gibt es im Winter lange sonnige Perioden mit Temperaturen um die 15 °C. Nur ab und zu fegt der kräftige Nordwind über die 700 Quadratkilometer große Insel, beugt knorrige Olivenbäume und formt Sträucher zu stacheligen Kissen, aus denen im Frühjahr winzige Blüten sprießen, wenn alle Felder mit leuchtend roten Mohnblumen und blauen Disteln überzogen sind und gelber Hornklee wie goldene Bänder die Straßenränder säumen. Auf den Feldern stehen pyramidenförmig gebaute Viehställe und von Mauern eingekreiste Feigenbäume, vor prachtvollen Herrensitzen ragen dicke Dattelpalmen und stolze Araukarien in den blauen Himmel.

In malerischen Dörfern warten schicke Boutiquen und gestylte Lokale, in denen die Küchenchefs Trends und Traditionen pflegen. Menorca bietet eine bemerkenswerte Gastronomie: von der berühmten Caldereta de Llagosta (Langusten-Eintopf) über menorquinische Gemüsegerichte bis hin zur Mayonnaise. In lauschigen Restaurants, oft untergebracht in historischen Gebäuden wie alten Mehlfabriken, Getreidemühlen oder in den Fischerhöhlen von Cales Fonts werden Feinschmecker liebevoll umsorgt. Zu den Spezialitäten der Insel gehört auch der Wacholderschnaps, der den Einheimischen schon zum Frühstück schmeckt. Die Engländer brachten im 18. Jh. nicht nur den Gin auf die Insel, sie bauten während der 70 Jahre dauernden Herrschaftszeit auch die englische

Weiße Gehöfte, schroffe Felsen, Blütenpracht: Menorca stille Reize

Garnisonsstadt Es Castell, die idyllische Inselstraße Camí d'en Kane und zahlreiche Festungen und Wachttürme, die inzwischen zu modernen Ausstellungssälen umgestaltet wurden.

An der 220 km langen Küste trotzen hohe Steilküsten den Wellen, schroffe Felsen stürzen sich dramatisch ins Meer, weiß schäumende Gischt nagt an den Fundamenten der Insel, und fjordartige Meeresarme schneiden sich tief ins Land hinein. Der beste Schutzhafen ist der fast 6 km lange Einschnitt im Osten der Insel, der als größter Naturhafen im Mittelmeer gilt. Im Norden öffnet sich die weite Bucht von Fornells, in der kleinere Boote an stürmischen Tagen einen geschützten Ankerplatz finden, und im Westen liegt der idyllische Hafenfjord von Ciutadella.

Jeweils ein Drittel der insgesamt nur 70 000 Einwohner lebt in den beiden Städtchen Maó und Ciutadella, die auf römische Ursprünge zurückgehen. Ob Hafenrundfahrt, Einkaufsbummel, Museums- oder Konzertbesuch – beide Hafenstädte haben ihren Besuchern viel zu bieten. Besonders Ciutadella lockt

Ende Juni zahlreiche Besucher in die Stadt, wenn das Johannisfest, eines der berühmtesten Festlichkeiten ganz Spaniens, gefeiert wird.

Von der Hauptstraße, die die Insel wie ein Rückgrat in zwei Hälften teilt, zweigen verschiedene Stichstraßen fischgrätenartig zur Süd- oder Nordküste ab. Der südliche Inselteil wird von den Einheimischen Migjorn, nach dem gleichnamigen Südwind, genannt. Es handelt sich um ein Kalksteinplateau, in das das Regenwasser über Jahrmillionen tiefe Rinnen gegraben hat. In diesen windgeschützten, feuchten Tälern, die sich von der Inselmitte zur Südküste ziehen, haben die Bauern Obstplantagen mit Zitronen-, Orangen- und Pfirsichbäumen angelegt. Mehr als 20 fruchtbare, üppig bewachsene Schluchten, durch die manchmal ein kleiner Wildbach plätschert, öffnen sich am Meer zu blütenweißen Badebuchten, wo das Azurblau des Himmels mit dem kristallklaren Türkis des Wassers konkurriert. Dort gibt es überall verwunschene Badeplätze und Strände von karibischem Kaliber.

Bei der Festa de Sant Joan in Ciutadella

Der weiche Kalkstein *(marès)* der südlichen Inselhälfte wurde schon von den Ureinwohnern zum Bau ihrer Steinmonumente benutzt, auch im Mittelalter schnitt man große Steinblöcke, um damit Paläste und Gotteshäuser zu bauen. In der Mitte der Insel erhebt sich der Monte Toro, mit 357 m Menorcas höchster Gipfel. Rund um den Berg erstrecken sich einsame Wald- und Weideflächen, Hügel- und Ackerland mit rostroter Erde.

Der nördliche Teil Menorcas, der nach dem Tramuntana-Wind benannt ist, bildet eine einsame Gegend mit ausgedehnten Landbesitzen, vereinzelten Gutshöfen, die auf kleinen Hügeln thronen, und Feuchtgebieten, die ein Refugium für viele seltene Pflanzen- und Tierarten bilden. Im Norden findet man hohe Steilküsten, weiße Dünenstrände, viele vorgelagerte Felsinseln und besonders im Nordosten eine karge Mondlandschaft aus dunklem Schieferstein, die jedoch ihren ganz eigenen herben Reiz besitzt.

An der Küste Menorcas gibt es moderne Feriensiedlungen, Fischerdörfer mit alten Bootsgaragen und Küstenorte mit luxuriösen Ferienhäusern. Im Inselinneren wohnen die Einheimischen in sechs kleineren Dörfern. Eine beeindruckende Zahl von Siedlungsresten der Ureinwohner, darunter die mysteriösen *taules* und *talaiots,* ist über die ganze Insel verstreut, weshalb Menorca auch gern als ›Freilichtmuseum der Vorgeschichte‹ bezeichnet wird.

Spektakuläre Freizeitparks, fünfstöckige Kaufhäuser oder vierspurige Autobahnen wird man auf der Insel vergebens suchen, ›Bettenburgen‹ findet man nur sehr vereinzelt. Nachtschwärmer werden anfangs enttäuscht sein; auch eine von Blitzlicht umtoste Prominentenszene gibt es auf Menorca nicht. Zwar schaut manchmal König Juan Carlos auf seiner Yacht vorbei, der eine oder andere spanische Filmschauspieler oder englische Millionär verbringt ruhige Sommertage in seiner Residenz am Hafen von Maó. Meistens

70 % stellen die Briten auch heute noch die stärkste Touristengruppe, gefolgt von den deutschen Urlaubern, deren Zahl in der Sommersaison 2000 mit 166 000 Personen zu Buche schlug.

Ihrem reichen natürlichen und kulturellen Erbe, den zahlreichen endemischen Tier- und Pflanzenarten und der von Menschenhand gestalteten und genutzten Kulturlandschaft ist es zu verdanken, dass Menorca im Jahre 1993 von der UNESCO zum Biosphärenreservat erklärt wurde. Mehr als 30 % der Insel stehen unter Naturschutz, viele Menorquiner sind aktiv im Umweltschutz tätig. Zu hoffen bleibt, dass trotz steigender Einwohner- und Besucherzahlen, trotz Wirtschaftswachstum und dem Boom in der Bauindustrie weiterhin die offensichtlichen und versteckten Reize, der besondere, herbe Charakter der Insel und die Freundlichkeit ihrer Einwohner erhalten bleiben.

steht jedoch erst am nächsten Tag in der Zeitung, wer gestern gerade wieder abgereist ist.

Menorcas Tourismusindustrie entwickelte sich langsam. Im Jahr 1953 brachte ein englischer Charterflug die ersten englischen Feriengäste auf die Insel. Mit rund

Lage:	Menorca ist die nordöstlichste Insel der Balearen, sie liegt auf ca. 40° nördlicher Breite.
Geographie:	Fläche der Insel: 700 km²; höchste Erhebung: Monte Toro (357 m), Einwohner: 70 000; Religion: überwiegend römisch-katholisch; Hauptstadt: Maó (span. Mahón), 23 000 Ew.
Verwaltungs-struktur:	Die Insel Menorca ist in 8 Gemeindebezirke gegliedert und wird vom *Consell Insular* (Inselrat) verwaltet, der der Regierung der Balearen in Palma de Mallorca untersteht. Die Balearen sind eine Autonome Region (wie ein dt. Bundesland).
Katalanismus:	Menorca gehört zum katalanischen Kulturkreis, der sich seit 1975 in einer starken Rückbesinnungsphase auf die eigene Sprache befindet; alle Schilder zeigen inzwischen katalanische Bezeichnungen und Schreibweisen.

Bauskulptur in Ciutadella

Geschichte

4000–2000 v. Chr.	Die ersten Siedler gelangen, vermutlich aus Südfrankreich, auf die Insel. Sie wohnen in Felsgrotten und leben als Jäger und Sammler.
2000–123 v. Chr.:	In der prätalaiotischen Zeit (2000–1600) entstehen Steinkistengräber und bootsförmige Wohnstätten, in der Talaiotzeit (ab 1600) werden Begräbnisstätten *(navetes),* Türme *(talaiots)* und Steintische *(taules)* gebaut.
123 v. Chr.	Unter Quintus Caecilius Metellus werden die Balearen von den Römern erobert, die auf Menorca die Niederlassungen Iamo im Westen, Mago im Osten und Sanisera im Norden gründen.
417	Bischof Severus beschreibt die Insel in seiner Enzyklika.
454–534	Menorca ist Teil des Vandalenreiches; nach 534 werden die Balearen unter dem oströmischen Kaiser Justinian dem Byzantinischen Reich angegliedert. Auf Menorca entstehen frühchristliche Basiliken (u. a. in Son Bou).
902	Unter den Arabern (Mauren) wird Menorca dem Kalifat von Córdoba angeschlossen. Medina Minurka (das heutige Ciutadella) wird Hauptstadt der Insel, auf dem Berg Santa Àgueda entsteht eine Festung.
1287	König Alfons III. landet auf Menorca, um die Mauren zu vertreiben und die Insel der katalanisch-aragonesischen Krone zu unterstellen.
ab 1293	Menorca wird Teil des Königreichs von Mallorca. König Jaume II. gründet Pfarrgemeinden und verteilt die Landgüter unter den Adelsfamilien.

14. Jh.	Die Städte Alaior, Es Mercadal und Ferreries werden gegründet. Die Insel geht erneut in den Besitz der Krone von Aragón über, in Maó entstehen die Stadtmauern, in Ciutadella wird die Kathedrale gebaut.
16. Jh.	1535 werden bei einem Piratenüberfall durch die osmanische Flotte unter Khair ed-Din (Barbarossa) Stadt und Hafen von Maó verwüstet, hunderte von Einwohnern getötet oder als Sklaven verschleppt. 1554 entsteht das Castell de Sant Felip von Maó, um die Stadt vor weiteren Überfällen zu schützen. Danach zerstören Piraten unter Mustafà i Piali 1558 die Stadt Ciutadella und entführen 3500 Einwohner in die Sklaverei.
17. Jh.	Stadtmauern und Befestigungsanlagen der Insel werden ausgebaut. 1625 entsteht das Castell de Sant Antoni in Fornells, 1687 der achteckige Verteidigungsturm an der Hafenausfahrt von Ciutadella.
18. Jh.	1713 wird Menorca britisch; Gouverneur Richard Kane verlegt die Hauptstadt nach Maó und lässt die erste Inselhauptstraße bauen. 1756–63 von den Franzosen erobert, wird die Insel im Vertrag von Paris wieder den Briten übergeben. Erst 1782, endgültig dann 1802 fällt Menorca zurück an Spanien.
1936–39	Spanischer Bürgerkrieg, Menorca wird erst zu Kriegsende in die Kampfhandlungen verwickelt. Viele Republikaner werden in das politische Gefängnis der La Mola-Festung gesperrt.
1979	Nach dem Tod des Diktators Franco (1975) formiert sich auf Menorca der erste Inselrat (Consell Insular de Menorca).
1983	Menorca wird Teil der autonomen Region *Illes Balears,* deren Regierung bestimmte eigenständige Kompetenzen besitzt. Katalanisch und Kastilisch sind gleichberechtigte offizielle Amtssprachen.
1999	Bei einer Massendemonstration sprechen sich mehr als 6000 Menorquiner für einen totalen Baustopp aus.
2000	Die Zahl der Einwohner liegt bei ca. 70 000, die ausländischen Feriengäste sind auf mehr als 900 000 Personen angestiegen.
2001	Das Parlament der Balearen erlässt eine ›Ökosteuer‹ von 0,25–2 Euro auf jede Übernachtung in- und ausländischer Besucher.

Gut zu wissen!

›Algenplage‹?: *Posidonia oceànica* heißt die Unterwasserpflanze, die auf dem Meeresboden regelrechte Wiesen bildet. Diese Neptungraswiesen dienen Meeresbewohnern als Refugium, reagieren aber empfindlich auf Umweltstörungen. Im Winter werden die Blätter der Posidonia, die tatsächlich gar keine Algen sind, an den Strand getrieben. Es entstehen Barrieren, die die Sandflächen bei Unwettern schützen. Deshalb sind die Säuberungstrupps vorsichtiger im Umgang mit diesen Pflanzenresten geworden.

Feilschen: Weder in Geschäften noch auf Märkten wird um den Preis gefeilscht. In der Nebensaison kann man jedoch einen Nachlass erhalten, wenn man für mehrere Tage ein Zimmer reserviert oder einen Mietwagen bestellt.

Freie Tische: Es ist unüblich, sich unaufgefordert an einen besetzten Tisch zu setzen, auch wenn dort noch Stühle frei sind. In besseren Restaurants wartet man auf den Oberkellner, der den Tisch zuweist, wobei man natürlich seine Wünsche äußern kann.

Höflichkeit: ›Bon dia‹ (Guten Tag) und ›Adéu‹ (Auf Wiedersehen) gehören zum guten Umgangston beim Betreten von Boutiquen, Büros oder Hotels. Für die Antwort auf eine Frage bedankt man sich mit ›Gràcies‹ (Danke)! Auch wenn man Einheimische fotografieren will, sollte man vorher durch eine freundliche Geste oder ein Lächeln um Erlaubnis bitten.

Katalanisch: Die Einheimischen sprechen untereinander am liebsten in ihrem Dialekt, einer Mundart der katalanischen Sprache. Wenn sie mit Spaniern reden und mit Ausländern, die Spanisch können, schalten sie aber problemlos auf diese Sprache um. Außerdem wird oft Englisch gesprochen, selten jedoch Deutsch.

Kleidung: Abendkleid und Smoking können Menorca-Urlauber getrost zu Hause lassen. Selbst im Casino von Maó besteht kein Krawattenzwang. Dennoch legen Einheimische viel Wert auf dezente und saubere Kleidung, Badekleidung im Stadtzentrum und in Gotteshäusern sind ihnen ein Dorn im Auge.

Liegestühle: Das Reservieren von Sonnenliegen im Hotel gilt als typisch deutsche Eigenart. Die Bademeister sind dazu übergegangen, ausgelegte Handtücher kurzerhand wieder einzusammeln.

Mitbringsel: Zu den typischen Menorca-Souvenirs gehören vor allem Kulinaria: Käse, Mandelplätzchen, Gin oder Kräuterliköre. Nette Mitbringsel sind auch die *abarca*-Sandalen, die sich in letzter Zeit zu einem typischen Inselprodukt entwickelt haben.

Nackte Haut: Zu den traditionellen FKK-Stränden gehören die Cala Macarelleta und der Westteil des Strandes von Son Bou im Süden und so gut wie alle unbebauten Naturstände im Norden. ›Oben ohne‹ wird zwar akzeptiert, doch sollte man sich dort, wo Einheimische baden oder arbeiten (Pool-Bar), lieber bedeckt halten.

Sicherheit: Diebstähle sind selten. Dennoch sollte man Taschen und Fotoapparate nie sichtbar im Auto liegen lassen, besonders nicht auf den einsamen Parkplätzen abgelegener archäologischer Stätten.

Siesta: In den Feriensiedlungen sind die meisten Geschäfte und Lokale von morgens 10 Uhr bis spät abends geöffnet. In den Städtchen wird dagegen die traditionelle Mittagsruhe eingehalten. Gegen 2 Uhr mittags lassen alle Geschäfte ihre Rollläden herunter. Auch Museen, Kirchen, Banken und Büros schließen und sind frühestens ab 17 Uhr wieder geöffnet.

Trinkgeld: Trinkgeld im Restaurant (ca. 5% der Rechnung) wird erst nach dem Bezahlen auf dem Teller liegen gelassen. Nicht nur Kellner, auch Zimmermädchen, Kofferträger, Ausflugsbusfahrer und Fremdenführer freuen sich über eine kleine Aufmerksamkeit (mind. 1–2 Euro).

Waldbrandgefahr: Im Hochsommer besteht erhöhte Waldbrandgefahr. Auf keinen Fall brennende Zigaretten und leere Glasbehälter aus dem Autofenster werfen! Auch Feuermachen in Wald und Macchia ist strengstens untersagt.

Wohin mit dem Müll?

Auf Menorca gibt es verschiedene Müllbehälter: Grün für Glas, Blau für Papier und Pappe, Gelb für Dosen und Verpackungsmaterial. Der Inselmüll (in 2000 ca. 50 000 t) wird bei Milà im Nordosten der Insel verarbeitet. Verpackungsmaterial wird gepresst und ebenso wie Glas und Papier aufs Festland zum Recycling verschifft. Obwohl überall normale Müllcontainer bereitstehen, muss die Inselverwaltung jedes Jahr viel Zeit und Geld für die Säuberung von Straßenrändern und Stränden aufwenden.

Wasser: Zum Kochen und Zähneputzen kann Leitungswasser verwendet werden. Bei Tisch und zum Kaffeekochen ist das Mineralwasser besser, das in Kanistern verkauft wird. Da Wasser knapp ist, trägt ein sparsamer Umgang dazu bei, die Grundwasserreserven für die Zukunft zu sichern.

Wegegebühren: Die spanische Regierung hat große Ländereien aufgekauft, um den freien Zugang zur Küste zu garantieren. Aber noch immer gibt es Streitereien mit den Gutsherren: Viele Strände erreicht man nur zu Fuß, an einigen Gattertoren ist noch immer eine Wegegebühr fällig.

Feste & Unter- haltung

Tanzende Pferde beim Joan-Fest

Feste & Feiertage

Januar/Februar

Tres Reis (6. Jan.); nicht Weihnachten, sondern am Dreikönigstag werden Geschenke verteilt.

Sant Antoni (17. Jan.); Umzug *Els tres tocs* (›Die drei Klopfer‹) in Ciutadella, der an die Reconquista erinnert.

Karneval; Schülergruppen ziehen durch die Städtchen, am Samstag finden Tanzabende statt und am Aschermittwoch wird unter Wehklagen die Sardine begraben und das Testament des Karnevalskönigs verlesen.

März/April

Dia de les Illes Balears (1. März); Tag der Balearen mit Vorträgen, Ausstellungen und Konzerten.

Setmana Santa (Osterwoche); in Maó und Ciutadella werden bei der Karfreitags-Prozession Heiligenfiguren durch die Straßen getragen. Am Ostersonntag singen Chöre vor den Kirchen die religiöse Volksweise *Deixem lo dol*.

Sant Jordi (23. April); zum Georgstag beschenkt man sich im Freundeskreis; Blumenverkäufer und Buchhändler bauen ihre Stände auf.

Mai/Juni

Pentecosta: Zu Pfingsten fahren die jungen Leute gern an die Küste, mieten ein Apartment, musizieren und trinken (eine ganze Menge) Alkohol. Urlaubsgäste haben meist eine schlaflose Nacht.

Festa de Sant Joan in Ciutadella (Ende Juni), siehe Kasten.

Sant Pere (letztes Juni-Wochenende); Regatta, Schwimmwettbewerbe und Konzerte in Maó.

Juli/August

Verge del Carmen (ca. 16. Juli); Bootsprozessionen in den Häfen von Maó, Fornells und Ciutadella.

Patronatsfeiern *(festas)* von Es Mercadal, Es Castell und Fornells (Ende Juli), mit geschmückten Pferden und viel Wacholderschnaps.

Sant Llorenç in Alaior (um 10. Aug.); Festa mit Pferderennen und Umzügen von Kutschen.

Sant Bartomeu in Ferreries (23. und 24. Aug.); große Festa mit Reitern auf dem Rathausplatz.

Festa de Sant Climent mit Wasserschlacht am dritten August-Wochenende.

Sant Lluís in Sant Lluís (Ende Aug.); Festa mit Umzügen, Tanz und Musik.

September/Oktober
Verge de Gràcia in Maó (7. bis 9. Sept.); Marienfest mit vielseitigem Rahmenprogramm. Besonders beliebt sind die Feuerwerke.
Festes de Sant Nicolau (um den 10. Sept.); auf dem Monte Toro, Kirchweih mit Reiterprozession.

November
Tot Sants (Allerheiligen, 1. Nov.), als Spezialität gibt es *panellets* (Marzipan- und Honigplätzchen).

Nationalfeiertage
Any Nou (Neujahr)
Dia del Treball (1. Mai, Tag der Arbeit)
Asunció (Mariä Himmelfahrt, 15. Aug.)
Dia de la Hispanitat (Tag der Entdeckung Amerikas, 12. Okt.)
Dia de la Constitució (Tag der Verfassung, 6. Dez.)
Inmaculada Concepció (Mariä Empfängnis, 8. Dez.)
Nadal (Weihnachten, 25. Dez.)

Festa de Sant Joan

Mit dem Johannesfest in Ciutadella Ende Juni beginnen die sommerlichen Patronatsfeiern. Den Auftakt bildet der Schafsonntag (Diumenge des Be) vor dem 23. Juni, an dem der Schafsträger einen lebenden Hammel durch die Stadt trägt. Am 23. Juni gibt es Reiter-Prozessionen, Haselnuss-Schlachten und ›tanzende‹ Pferde bis zum Morgengrauen. Höhepunkt sind die mittelalterlichen Reiterspiele am 24. Juni und das Feuerwerk.

Unterhaltung

Festivals: *Setmana internacional de l'orgue* (Ende April); Orgelwoche in der Kirche Santa Maria in Maó und in der Kathedrale von Ciutadella.
Setmana de l'opèra (erste Juni-Hälfte); Opern im Teatre Principal von Maó.
Matins a l'orgue (Juni–Okt. Mo–Sa 11 Uhr); Orgelkonzerte in der Kirche Santa Maria in Maó.
Sommerkonzerte: Klassische Musik im Juli und August im Franziskanerkloster von Maó, im Priesterseminar von Ciutadella und in Fornells.
Kino: *Cinema a la Fresca,* Kino unter freiem Himmel, findet im Hochsommer in Ciutadella, Maó und Sant Lluís statt. Manchmal werden Originalversionen gezeigt.
Folklore: In Trachten gekleidete Musik- und Tanzgruppen treten sehr häufig im Stadtzentrum von Ciutadella und Maó auf, auch auf dem Bauernmarkt in Ferreries sind sie jeden Samstag dabei.
Nachtleben: Nachtschwärmer werden anfangs enttäuscht sein. In den Feriensiedlungen konzentriert sich das Nachtleben auf wenige Pubs und das Indoor-Entertainment der Hotels. Die jungen Menorquiner treffen sich nach Mitternacht in den **Music Bars** von Ciutadella und Maó, in denen DJs die Musik mixen oder Live-Konzerte stattfinden. Ab 23 Uhr lockt auch die spektakuläre **Disco** Cova d'en Xoroi, untergebracht in einer natürlichen Felsgrotte an der Steilküste im Süden Menorcas.

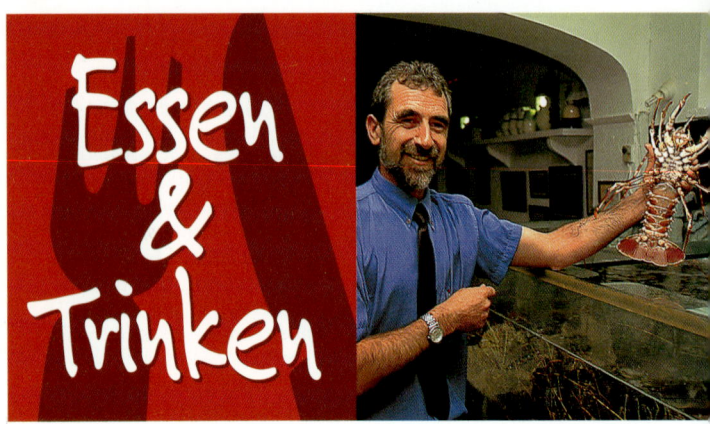

Essen & Trinken

Hauptzutat im Nationalgericht Caldereta, hier gesehen im Restaurant Es Port in Fornells

Die menorquinische Küche bietet neben Fisch und Fleisch, Nudelgerichten und Reispfannen auch viele Gemüsespezialitäten. Landestypische Restaurants sind in den Ferienorten aber selten geworden. Nette Lokale mit traditioneller Küche muss man im Landesinneren oder in Ciutadella, Fornells oder Maó suchen.

Ginet

Fischer und Arbeiter beginnen den Tag mit Expresso und ›Ginet‹, einem Gläschen Wacholderschnaps. Der menorquinische Gin wird nach altem Familienrezept in der Destillerie Gin Xoriguer am Hafen von Maó hergestellt und in grüne Glasflaschen oder Steingutgefäße abgefüllt. Dort kann man in einer Probierstube (S. 66) auch andere alkoholische Inselspezialitäten verkosten.

Viele rustikale Restaurants im Landesinneren bieten **Fleisch** vom Holzkohlengrill. Kaninchen, Hühnchen und Lammbraten steht dort ebenfalls auf der Speisekarte. Nicht selten findet man sogar Straußenfleisch im Angebot, das in Menorca produziert wird. ›Schweinefleisch mit Kohl‹ oder ›Zunge mit Kapern‹ gehören zum Standardprogramm menorquinischer Rezeptbücher.

Beim **Fisch** kommen Garnelen, Meerbarben und Sepia oder Calamar aus dem eigenen Fang, Seezunge, Seehecht oder Schwertfisch jedoch tiefgekühlt vom Festland. Eine Spezialität sind die *Escopinyes,* eine Venusmuschelart. Die *Caldereta de Langosta,* ein suppenartiger Langustentopf, ist Menorcas Nationalgericht, für das man tief in die Tasche greifen muss (40 € pro Person). Preiswerter ist die *Caldereta de Peix* (mit Fisch) oder die *Caldereta de Marisc* (mit Meeresfrüchten).

Das **Frühstück** der Einheimischen besteht oft nur aus einem Milchkaffee und einer *Ensaïmada* (mit Puderzucker bestreute Hefeteigschnecke). Erst zum zweiten Frühstück nach 10 Uhr gibt's ein belegtes Brötchen oder ein Stück Kartoffelomelett. Die meisten Hotels servieren jedoch ein reichhaltiges Frühstücksbuffet.

Wie überall in Spanien werden auch auf Menorca **Tapas** angeboten: *Pilotes* (Hackfleischbällchen), *Pulpitos amb ceba* (Tintenfischchen mit Zwiebeln) oder *Patatas bravas* (Kartoffeln mit scharfer Sauce) findet man in fast jeder Bar. Einen richtigen Tapa-Abend verbringt man am besten im Casino von Sant Climent (S. 74) oder im Restaurant La Rueda in Sant Lluís (S. 76), denn dort ist die Auswahl riesengroß.

Menorquinischen **Wein** findet man bisher nur im Restaurant Can Aguedet in Es Mercadal (S. 55), einige Flaschen aus der kleinen Produktion werden auch in der Windmühle Molí des Comte (S. 46) in Ciutadella verkauft. Typische **Spirituosen** sind *Herbes* (Kräuterlikör), *Camamil·la* (Kamillenlikör), *Palo* (aus Johannisbrot und Chinarinde), *Calent* (aus Wein, Alkohol, Kräutern und Gewürzen) und der *Gin Xoriguer.*

Essen gehen

An der Küste haben sich Restaurants und Hotels auf mitteleuropäische Sitten eingestellt, im Landesinneren gelten dagegen spanische Regeln: Die Lokale öffnen mittags nicht vor 1 Uhr und abends nicht vor 20 Uhr. In besseren Restaurants (mit weiß gedeckten Tischen) ist die komplette Menüfolge (Vorspeise, Hauptgericht, Nachspeise) einzuhalten. Für den kleinen Hunger sind Tapa- und Snackbars die bessere Adresse.

Spezialitäten-Lexikon

Alberginies al forn: überbackene Auberginen, gefüllt mit Brot, Ei, Zwiebeln, Knoblauch, Petersilie.
Calamars farcits: große Tintenfische, gefüllt.
Carabassons farcits: gefüllte überbackene Zucchini
Conill ofegat: Eintopfgericht mit Kaninchenfleisch.
Faves tendres ofegades: Eintopf mit Bohnen, Speck, Kartoffeln.
Llom amb col: Schweinelende mit Wirsingkohl.
Peix en es forn: Fisch (meist Heilbutt oder Kabeljau) mit Spinat, Rosinen, Pinienkernen im Ofen gegart.
Pilotes a la menorquina: Hackfleischbällchen in Tomatensauce.
Oliaigo: Tomatensuppe, im Sommer mit frischen Feigen serviert.
Salsa Mahonesa: der Ursprung der Mayonnaise, hier aus Eigelb und Olivenöl frisch zubereitet.
Tàperes envinagrats: in Essig eingelegte Kapern, oft in Salaten.
Aus der Backstube:
Amargos: weiche, makronenartige Mandelplätzchen.
Carquinyols: kleine, knusprige Mandelplätzchen.
Robiols oder Crespells: Teigtaschen, gefüllt mit Quark, Marmelade, Thunfisch, Wurst oder Spinat.

Spanier sitzen gerne mit Familie oder Freunden zusammen. Es ist daher nicht üblich, sich zu anderen Gästen dazuzusetzen. Rechnungen werden normalerweise pro Tisch ausgestellt. Ist getrennte Abrechnung erwünscht, sollte dies bei der Bestellung angegeben werden. Mehrwertsteuer (IVA) wird oft extra berechnet, bessere Restaurants kassieren noch einen Aufschlag für das Gedeck.

**Nasses Vergnügen für Wasser-
ratten: Ringo-Fahren**

Wassersport

Baden
Mehr als 60 Buchten und unzählige Badeplätze laden zum Schwim-
men im Meer ein. Die Wassertem-
peraturen sind von Mai bis in den
November hinein zum Baden geeignet. An allen bebauten Bade-
stränden stehen Sonnenliegen bereit (Schirm plus 2 Liegen ca. 18
€). Strandansichten per Internet:
www.esplaya.com

Funsports
An bebauten Ferienstränden wie
Cala Galdana, Son Bou und S'Algar gibt es **Boot- und Surfbrett-
verleih.** Die größten Wassersport-
zentren befinden sich jedoch in
Fornells und Cala en Bosc. Dort
kann man alle Arten des Wasser-
vergnügens testen: **Segelkurse** (1
Woche) kosten 160–200 €, **Wind-
surfkurse** 150 €, **Wasserskifahr-
ten** 27 €. Beliebt sind auch **Parasailing** (vom Boot gezogen mit
Fallschirm über das Wasser fliegen:
30 € pro Flug) und **Banana Ri-
ding** (bananenförmiges Schlauch-
boot, von einem Motorboot gezogen: 6 € pro Fahrt). Ein besonderer
Tipp sind **Kayak-Fahrten** in Fornells, dort kann man schöne Aus-

flüge in der Bucht unternehmen
(halber Tag für 2 Pers.: 30 €).

Tauchen
Menorca ist ein Tauchparadies mit
traumhafter Unterwasserwelt. Es
gibt ca. 15 Tauchschulen, die Kurse anbieten, Material ausleihen
und Ausfahrten zu Felsinseln und
Wracks organisieren. Ein komplet-
ter **Tauchkurs** für Anfänger (Pool,
Theorie und 6 Tauchgänge) kostet
ca. 335 €, einzelne Tauchgänge
inkl. Bootsfahrt und Ausrüstung
ca. 40 €. Das erforderliche Ge-
sundheitszeugnis ist auch vor Ort
erhältlich. In Taucherkreisen beliebt ist das Hotel Bahia in Santandria (S. 72) mit der Tauchschule
Poseidon.

Aktiv-Urlaub

Golf
Ein Paradies der Greens ist Menorca nicht. Ein 9-Loch-Golfplatz befindet sich im Norden der Insel.
Das Gelände ist sanft gewellt und
von Kiefernwäldchen umgeben.
Green-Fee: 34 € für 9 Löcher,

55 € für 2 Runden, Golfunterricht 42 € (3 x 1/2 Stunde).

Mountainbiking

Fahrräder und Mountainbikes werden in fast allen Feriensiedlungen vermietet. Fahrradwege gibt es bisher nur zwischen Maó und Es Grau, rund um Ciutadella und auf dem Weg nach Fornells. Die flachen Inselteile im Osten und Westen sind ideal für weniger konditionsstarke Zeitgenossen. Die viel befahrene Hauptstraße sollte besser gemieden werden.

Reiten

Pferde-Shows mit den pechschwarzen menorquinischen Rassepferden organisieren die beiden Reiterhöfe an der Landstraße nach Cala Galdana (S. 40). Reitmöglichkeiten gibt es außerdem bei Alaior, Cala en Bosc, Cala en Porter, Ciutadella und Son Parc (Pferd pro Stunde ca. 22 €, Kinderponys 6 € für 20 Min.).

Wandern

Wanderer müssen auf Menorca oft eigene Wege suchen. Nur wenige Wanderpfade sind ausgeschildert. Eine der abwechslungsreichsten Routen ist in Extra-Tour 5, S. 92 beschrieben. Organisierte **Wanderreisen** können über den Veranstalter Wikinger Reisen gebucht werden.

Wellness

Fitnessräume, Schönheits- und Massagesalons, Sauna und Hallenbädern findet man nur in wenigen Luxus-Hotels, zum Beispiel im **La Quinta Beach Hotel & Spa**, das 2001 in Cala en Bosc eröffnet wurde. Dort werden u. a. Beauty Days von Kopf bis Fuß, Gentleman's Care, Holistiktage, Celluliteprogramme angeboten.

Für Kinder

Der nur über Veranstalter buchbare Ausflug ›Xauxa – Das Kinderfest‹ ist ein besonderer Spaß für die ganze Familie.

Auch die **Hafenrundfahrt** in Port Maó macht Kindern Spaß (Extra-Tour 2, S. 86). Bootsrundfahrten werden auch in Ciutadella und Cala en Bosc angeboten (im Juli und August stets reservieren!).

Bei Son Parc im Norden der Insel wurde im Sommer 2001 der **Hort de Llucaitx Park** mit den verschiedensten Freizeitaktivitäten eröffnet (S. 78). Der **Aquapark Los Delfines** bei Cala en Blanes ist das größte Spaßbad der Insel (S. 37), auch das Labyrinth neben dem Pool- und Freizeitkomplex San Jaime in Son Bou ist einen Besuch wert (S. 77).

Die schönsten Strände

Platges de Son Saura (B5): Wunderschöne sandige Doppelbucht, fast nie überlaufen, aber weder Kiosk noch Sonnenliegen. Am Ostrand der Bucht führt ein Pfad durch den Wald zur Mini-Bucht Es Talaier. **Son Bou (E6):** Längster Sandstrand der Insel, nur nahe den zwei Großhotels gut besucht. Im Westen folgen einsame Sandstreifen, wo man in den Dünen auch nahtlos braun werden kann.
Arenal d'en Castell (G3): Die muschelförmige Bucht mit feinem Sand und kristallklarem Wasser bietet trotz der umliegenden Hotels viel Platz für Schwimmer, Wassersportler und Sonnenanbeter
Cala Pregonda (E2): Bis Binimel.là mit dem Auto; von dort auf dem Küstenpfad in ca. 30 Min. zum Traumstrand Cala Pregonda, der durch Felsinseln geschützt wird.

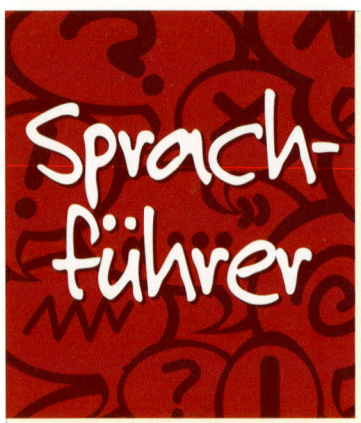

Sprachführer

Schon am Flughafen trifft der Besucher auf dreisprachige Hinweisschilder: *Arrival – Arribada – Llegada* (Ankunft) steht dort auf Englisch, Katalanisch und Kastilisch.

Ein auf Menorca geborener Insulaner redet mit der Familie, Freunden und Bekannten am allerliebsten auf *menorquí*, einer Mundart der katalanischen Sprache. Spricht er dagegen mit Kollegen oder Besuchern aus anderen Teilen Spaniens, schaltet er sofort auf Spanisch um. Von Ausländern wird nicht erwartet, dass sie Katalanisch sprechen, wenn sie es jedoch mit einem freundlichen ›Bon dia‹ (Guten Tag) versuchen, ist die Begeisterung doppelt so groß.

Nach dem Ende der Franco-Diktatur wurden auf Menorca alle Orts-, Straßen- und Hinweisschilder ausgewechselt. Heutzutage findet man fast ausschließlich die ortsübliche katalanisch-menorquinische Version. Dies wird besonders bei der Bezeichnung der Hauptstadt (Maó = kat., Mahón = span.) deutlich.

Auch an den meisten Schulen ist die Unterrichtssprache inzwischen Katalanisch, und in vielen Bereichen des Alltags wird die katalanische Sprache speziell gefördert. Auf einer neben der Fischmarkthalle von Ciutadella angebrachten Tafel finden Einkäufer beispielsweise die spanischen und katalanischen Bezeichnungen aller angebotenen Waren.

Wichtige Begriffe

Aeroport	Flughafen
Aljub	Zisterne
Ajuntament	Rathaus
Badia	Große Bucht
Barranc	Schlucht
Barrera	Gattertor
Cala	Kleine Bucht
Camí	Weg
Cap	Kap
Carretera	Landstraße
Castell	Festung
Ciutat	Stadt
Cova	Höhle
Escull	kleine Felsinsel
Ermita	Einsiedelei
Església	Kirche
Far	Leuchtturm
Hort	Garten
Illa	Insel
Lloc	Landgut
Mercat	Markt
Mirador	Aussichtspunkt
Molí	Mühle
Museu	Museum
Platja	Strand
Pont	Brücke, Bogen
Port	Hafen
Puig	Berg
Punta	Landspitze
Riu	Fluss
Torre	Turm
Ullastre	Olivenbaum
Urbanització	(Ferien-)Siedlung

Nützliche Worte

Ja / Nein	si / no
Bitte / danke	sisplau / gràcies
Guten Tag	Bon dia
Guten Abend	Bon vespre
Gute Nacht	Bona nit

Die wichtigsten Sätze

Auskünfte

Haben Sie ..?	Té ..?
Wieviel kostet das?	¿Quant costa això?
Wie spät ist es?	¿Quina hora es?
Wo sind die Toiletten, bitte?	¿On son els serveis?

Restaurant

Einen Tisch für .. Personen?	¿Una taula per a .. persones?
Die Karte, bitte!	¡ La carta, sisplau!
Die Rechnung, bitte!	¡ El compte, sisplau!

Unterkunft

Haben sie ein Zimmer frei?	¿Tenen una habitació lliure?
Was kostet es pro Tag/Woche?	¿Quant val per dia/setmana?

Unterwegs

Wie kommt man nach ..?	Per on se va a ..?
rechts / links / geradeaus	a la dreta / a l'esquerra / tot recte
Ich habe einen Unfall gehabt!	¡He tingut un accident!
Ich brauche einen Arzt!	¡Necessito un metge!
Holen Sie die Polizei!	¡Cridi la policia!
Wann fährt der Bus nach ..?	¿A quina hora surt l'autobús de ..?
Wo ist die Bushaltestelle?	¿On es l'aturada del bus?

Hallo	Hola
Wie geht's?	¿Com va?
Danke, gut	Bé, gràcies
Verzeihung	Perdoni
Gern geschehen	De res
Sprechen Sie deutsch?	
	Parla vostè alemany?
Ich verstehe nicht	No l'entenc
Wie heißt Du?	Com et dius?
Ich heiße ..	Em dic ..
Geöffnet	obert
Geschlossen	tancat

Zeitbegriffe:

Heute / morgen	aviu / demá
Woche / Tag	setmana / dia
Montag	dilluns
Dienstag	dimarts
Mittwoch	dimecres
Donnerstag	dijous
Freitag	divendres
Samstag	dissabte
Sonntag	diumenge

Zahlen: Die Eins zeigt man mit dem Zeigefinger, der Daumen kommt erst für die Fünf hinzu!

0	zero	19	dinou
1	un/una	20	vint
2	dos/dues	21	vint-i-ú
3	tres	22	vint-i-dos
4	quatre	23	vint-i-tres
5	cinc	24	vint-i-quatre
6	sis	25	vint-i-cinc
7	set	30	trenta
8	vuit	40	quaranta
9	nou	50	cinquanta
10	deu	60	seixanta
11	onze	70	setanta
12	dotze	80	vuitanta
13	tretze	90	noranta
14	catorze	100	cent
15	quinze	200	dos-cents/
16	setze		dues-centes
17	disset	1000	mil
18	divui	2000	dos-mil

ℹ️ Reise-Service

Auskunft

Spanische Fremden-verkehrsämter

... in Deutschland
– Myliusstr. 14, 60323 Frankfurt/M.
Tel. 069/72 50 33, Fax 72 53 13,
e-Mail: frankfurt@tourspain.es
– Kurfürstendamm 180,
10707 Berlin
Tel. 030/882 65 43, Fax 882 66 61
– Grafenberger Allee 100
40237 Düsseldorf
Tel. 0211/680 39 80, Fax 680 39 85
– Schubertstr. 10, 80336 München
Tel. 089/53 07 46 11, Fax 532 86 80

... in Österreich
Walfischgasse 8, 1010 Wien
Tel. 01/512 95 80, Fax 512 95 81
e-Mail: viena@tourspain.es

... in der Schweiz
Seefeldstr. 19, 8008 Zürich
Tel. 01/252 79 31, Fax 252 62 04
e-Mail: zurich@tourspain.es

... auf Menorca
Infobüros findet man am Flugha-fen (Ankunftshalle – nur im Som-mer), in Maó und in Ciutadella. Dort steht umfangreiches Infor-mationsmaterial (auch Veranstal-tungskalender, Pläne und Karten) zur Verfügung.

Info im Internet

www.menorca-web.de Allgemei-ne Informationen über die Insel, Reiseplaner, Buchempfehlungen, Forum mit Reiseberichten, Tipps.
www.menorca-info.de Tipps und Service rund um Menorca, Forum und Links.
Weitere Infos zur Reisevorberei-tung über die ›Reiselinks‹ bei www.dumontreise.de

Behinderte

Immer mehr öffentliche Einrich-tungen stellen ihre Anlagen auf Behinderte ein. Die zahlreichen steinigen Wege, abschüssigen Straßen und engen Bürgersteige machen jedoch nicht alle Orte der Insel für Rollstuhlfahrer zugäng-lich. Ein schwieriges Terrain ist die Hauptstadt Maó, verkehrsberu-higt und flach dagegen die Stadt Ciutadella.

Einzel- und Gruppenreisen für Behinderte bietet der Spezialreise-veranstalter *Weitsprung*, Krumm-bogen 2, 35039 Marburg
Tel. 06421/68 68 32
www.weitsprung-reisen.de

Reisezeit

Auf der Insel Menorca herrscht gemäßigtes Mittelmeerklima. Die mittlere Lufttemperatur liegt im Januar bei 10° C und im August bei 25° C. Im Durchschnitt werden auf Menorca pro Jahr rund 2500 Sonnenstunden verzeichnet, die Niederschlagsmenge liegt bei 600 mm im Jahr. Von Mitte Juni bis Anfang September fällt kaum ein Tropfen Regen.

Frühjahr und Herbst können da-gegen starke Stürme und Regen-fälle, manchmal auch kühle Tage bescheren. Aber auch im Winter sinkt das Thermometer selten bis zum Gefrierpunkt ab, Schneefälle sind eine absolute Ausnahmeer-scheinung. Für Naturfreunde, Wanderer und sportlich Aktive sind Frühjahr und Herbst die schönste Zeit des Jahres. Die Was-sertemperaturen sind von Mai bis in den November hinein zum Baden geeignet.

Einreise

Für die Einreise nach Spanien benötigen Deutsche, Österreicher und Schweizer einen gültigen Personalausweis oder Reisepass. Reisende aus EU-Ländern können unbegrenzt im Land bleiben, für Schweizer gilt ab drei Monate die Visumspflicht.

Zollbestimmungen: Für Reisende aus EU-Ländern gelten die erweiterten Obergrenzen für den privaten Konsum, für Schweizer Freimengen bis 200 Zigaretten sowie 1 l Spirituosen oder 2 l Wein.

Anreise

... mit dem Flugzeug

Die Flugzeit von Mitteleuropa nach Menorca beträgt etwas über 2 Stunden. Die meisten Reisenden buchen eine Pauschalreise, in der Flug, Transfer und Unterkunft eingeschlossen sind. Viele Veranstalter bieten jedoch auch die Nur-Flug-Variante an. Die Preise betragen je nach Saison und Fluggesellschaft zwischen 225 und 300 €. Sondergepäck, Fahrräder und Haustiere müssen frühzeitig angemeldet werden. Direkte Charterflüge gibt es bisher nur in der Sommersaison (Anfang April bis Ende Oktober). Im Winterhalbjahr verbinden Linienmaschinen die Insel mit Palma de Mallorca, Barcelona und Madrid.

Flughafen: Menorcas *Aeropuerto de Mahón* (Tel. 971 15 70 00) liegt im Osten der Insel, nahe der Hauptstadt Maó. Eine Linienbusverbindung in die Stadt oder zu anderen Orten gibt es nicht. Am Flughafen stehen jedoch zahlreiche Mietwagenanbieter und Taxis zur Verfügung.

... mit dem Schiff

Die Fährgesellschaft *Trasmediterránea* (Tel. 0034-902 45 46 45, www.trasmediterranea.es) verkehrt auf der Strecke Barcelona – Maó je nach Saison drei- bis sechsmal pro Woche (Buchung über alle Reisebüros). Die Fahrtzeit beträgt etwa 8 Std. Die Preise für Autobeförderung und Kabinenplätze sind sehr teuer (Hin- und Rückfahrt: Pkw ca. 200 €, billigster Kabinenplatz ca. 100 €).

Unterwegs auf Menorca

... mit dem Bus

Die roten Busse verkehren sechsmal täglich auf der Strecke Maó – Alaior – Es Mercadal – Ferrreries – Ciudatala. Von Maó gibt es zahlreiche Verbindungen nach Sant Lluís, Es Castell und zu fast allen Feriensiedlungen an der Südküste. Die hellblauen Busse verkehren von Maó auf der Nordstraße nach Arenal d'en Castell, Son Parc, Fornells und Platges de Fornells. Die gelben Busse fahren von Ciutadella zu allen Feriengebieten an der Westküste. An Sonn- und Feiertagen ist der Busverkehr stark eingeschränkt.

Organisierte Ausflüge

Alle Reiseveranstalter bieten vor Ort ganz- oder halbtägige Ausflüge an. Diese Fahrten sind im Hotel bei der Reiseleitung buchbar und kosten zwischen 30 und 42 €.

Lohnend sind besonders die ganztägigen Fahrten, denn dabei erfährt man viel Wissenswertes über Land und Leute, darunter auch Hinweise für die weitere Urlaubsgestaltung, und lernt Highlights und versteckte Winkel der Insel kennen: Monte Toro, Fornells, Cala Galdana, Stadtführung in Ciutadella oder Maó, Hafenrundfahrt in Maó, Binibèquer …

... mit dem Taxi

Taxifahrten sind ein eher kostspieliges Vergnügen. Es gibt kein Taxameter, sondern je nach Strecke festgelegte Tarife nach einer offiziellen Preisliste, die jeder Taxifahrer mit sich führt. Der Preis für die Strecke Flughafen – Cala en Bosc beträgt ca. 45 €), Flughafen – Maó Zentrum 7,5 €. Für die Abreise sollte man das Taxi zum Flughafen am Abend vorher bestellen.

.... mit dem Mietwagen

Für die Monate Juli und August empfiehlt sich eine Vorbestellung über ein Reisebüro am Heimatort. In den anderen Monaten findet man überall genügend Angebote. Oft sind die örtlichen Agenturen weitaus günstiger als die internationalen Firmen. Pro Woche zahlt man für einen Kleinwagen ab 150 €. Die Preise verstehen sich incl. unbegrenzter Kilometerzahl, Steuern und Versicherungen.

Mopeds/Motorroller: Im Hochsommer ist eine Vespa das ideale Verkehrsmittel. Die Preise liegen jedoch nur wenig unter den Mietwagentarifen. Anbieter gibt es ausschließlich in Maó und Ciutadella. Es besteht Helmpflicht!

Verkehrsregeln entsprechen den mitteleuropäischen Vorschriften. Die Promillegrenze liegt bei 0,5. Die zulässige Höchstgeschwindigkeit beträgt in Ortschaften 50 km/h, in Ferien- und Wohngebieten 30 km/h und auf Landstraßen 90 km/h. Mobiltelefone dürfen während der Fahrt nur mit Freisprechanlage benutzt werden.

Sicherheitstipps: Hauptstraße und Zufahrtsstraßen zu den Feriensiedlungen sind in gutem Zustand, die Nebenstrecken dagegen eher holprig. Benutzen Sie an Steigungen die Langsamfahrspur und lassen Sie Eilige stets zügig überholen. Polizeikontrollen an der Landstraße und an Ortseinfahrten sind häufig (Alkohollimit, Gurtpflicht beachten!).

Parken: Im Altstadtbereich von Maó und Ciutadella gibt es blau markierte, kostenpflichtige Parkplätze (Parkuhren), in Maó auch Tiefgaragen. Am Stadtrand findet man zahlreiche kostenlose Parkmöglichkeiten. An gelb markierten Stellen gilt absolutes Park- und Halteverbot. Nie an Ausfahrten, in Kurven oder an Straßenecken verkehrsbehindernd parken! Falschparker werden abgeschleppt!

Ausflüge zu den Nachbarinseln

Per Flugzeug: Organisierte Ausflüge mit dem Flugzeug werden nicht angeboten. Wer Mallorca auf eigene Faust besuchen will, kann einen Inlandflug nehmen (Tickets in jedem Reisebüro auf Menorca, diese sind jedoch ausgesprochen teuer). Der Flughafen von Palma de Mallorca wird täglich bis zu 8 x angeflogen (Flugzeit knapp 30 Min.). Flüge nach Ibiza sind nur als Umsteigeverbindung über Palma möglich (umständlich und kostspielig).

Reise-Service

Per Schiff: Über die Reiseleitung der meisten Veranstalter kann ein Tagesausflug nach Mallorca mit dem Schiff incl. Rundfahrt gebucht werden. Bei der Busreise auf der Nachbarinsel lernt man vor allem den Nordosten Mallorcas kennen. Der Preis beträgt etwa 72 €, der Ausflug bedeutet jedoch frühes Aufstehen und späte Heimkehr (je nach Ferienort von ca. 7 bis 24 Uhr).

Reguläre Verbindungen:

Iscomar (Tel. 902 119 128) fährt 2 x täglich von Ciutadella nach Port d'Alcúdia (mit Pkw-Beförderung), Fahrtzeit: 2–3 Std.

Trasmediterránea (Tel. 902 45 46 45) verkehrt am Sonntag von Maó nach Palma de Mallorca (mit Pkw-Beförderung), Fahrtzeit: gut 6 Std.

Cape Balear (Tel. 902 10 04 44) fährt 2 x täglich Ciutadella – Cala Ratjada (keine Pkw-Beförderung), Fahrtzeit: 60–70 Min.

Unterkunft

Auf Menorca stehen rund 50 000 Fremdenbetten zur Verfügung. Zum Angebot gehören über 100 offiziell zugelassene Hotels an der Küste und in den Städten, Apartmentkomplexe am Meer und Landgasthöfe im Landesinneren.

Es ist dringend davon abzuraten, zwischen Mitte Juni und Mitte September ohne Reservierung anzureisen! Viele Hotel- und Apartmentanlagen sind nur über Reiseveranstalter buchbar, Direktbucher haben dort keine Chance. Auch Ferienhäuser findet man am einfachsten in den Katalogen spezialisierter Veranstalter wie *Interhome*. Eine private Buchungszentrale für alle Arten von Unterkünf-ten ist die Webseite: www.menorcaok.com

Hotels: Auf der Webseite der Hotelvereinigung Menorcas (www.visitmenorca.com) sind viele Hotels und Anlagen beschrieben und mit eigener Webseite und E-Mail-Adresse angegeben.

Pensionen: Preiswerte 1-Sterne-Hotels, Hostals und Pensionen findet man im Zentrum von Maó und Ciutadella. Oft sind die Zimmer jedoch von Bauarbeitern oder Kellnern für längere Zeit belegt.

Apartments: Das Angebot ist groß und sehr vielseitig. Apartmentkomplexe, die fast ausschließlich an der Küste zu finden sind, können aber meist nur über Veranstalter gebucht werden.

Camping: Die beiden Campingplätze Menorcas liegen im südlichen Teil der Insel, mehrere Kilometer von der Küste entfernt. Wildes Campen ist auf der gesamten Insel nicht gestattet.

Turisme rural: In die Kategorie ›Urlaub auf dem Bauernhof‹ fallen die *Hoteles rurales,* auf deren Ländereien keine Landwirtschaft mehr betrieben wird, und die Höfe des *Agroturisme*, die sich weiterhin dem Ackerbau und der Viehzucht widmen. Das Angebot ist bisher noch nicht sehr groß, in den nächsten Jahren werden aber weitere Landgasthäuser dazukommen. Eine Liste solcher Unterkünfte ist bei den örtlichen Fremdenverkehrsbüros erhältlich.

Jugendherbergen: Die Jugendcamps und Herbergen werden in erster Linie von spanischen Schülergruppen genutzt. Anfragen für Gruppen oder größere Familien: *Oficina d'Informació i Serveis de la Joventut,* Carrer Miguel de Veri 6ª, 07703 Maó, Tel. 971 36 45 34, Fax 971 35 07 83.

Orte v

Mit dem Boot durch den gewaltigen Naturhafen von Maó fahren, in der Bischofsstadt Ciutadella durch romantische Gassen schlendern. Liebliches Hügelland und karge Steilküsten im Norden der Insel oder tiefe Schluchten und herrliche Buchten im Süden entdecken. In kleinen Dörfern durch Keramikläden oder Kunstgalerien stöbern. Vom Berg El Toro die ganze Schönheit der Insel auf

on A–Z

einen Blick erfassen ... Dieser Führer zu Menorca gibt Ihnen nützliche Tipps und ausgesuchte Adressen an die Hand, damit Ihr Urlaub zum Erlebnis wird. Und wer auf der Insel Besonderes sehen möchte, dem seien die Extra-Touren empfohlen. Menorca in kompakter, überschaubarer Form, für alle, die entdecken und nichts verpassen möchten.

Alle interessanten Orte und ausgewählte touristische Highlights auf einen Blick – alphabetisch geordnet und anhand der Lage- bzw. Koordinatenangabe problemlos in der großen Extra-Karte zu finden.

Addaia/ Port d'Addaia

Lage: H 3
Extra-Tour 3

Gepflegte Privatvillen stehen am Ufer der gleichnamigen, 3 km langen Meeresbucht, die von einem englischen Verteidigungsturm aus dem Jahre 1800 bewacht wird. Der moderne Sportboothafen Port d'Addaia, den die kleine Felsinsel Illa de Ses Mones schützt, lässt bei Skippern kaum einen Wunsch offen. Im oberen Teil der Siedlung gibt es Einkaufsmöglichkeiten, Restaurants und eine Tauchschule. Zwischen der Cala d'Addaia und der benachbarten Cala Molí schiebt sich eine Landzunge weit ins Meer hinein. Von dort genießt man einen schönen Ausblick auf die Felsinseln Illa Gran d'Addaia und Illa Petita d'Addaia, den Sandstrand des benachbarten Küstenortes Na Macaret mit den drei Dattelpalmen und die zerklüftete Küstenlandschaft.

Port d'Addaia: Liegeplätze, Bootsverleih, Segeltörns und alle Serviceleistungen für Bootsbesitzer. Café La Cantina.

Tauchen: Centro de Buceo Ulmo, Zona Comercial 6, Tel./Fax 971 35 90 05, www.ulmodiving.com, E-Mail: ulmo@ulmodiving.com Kurse für Anfänger und Fortgeschrittene, Verleih von Ausrüstung, Tauchausflüge zu den schönsten Tauchgründen der Nordküste. Apartmentvermittlung.

Alaior

Lage: G 5
Einwohner: ca. 8000
Extra-Tour 4

Die drittgrößte Ortschaft der Insel gruppiert sich rund um den Hügel, auf dessen Spitze die Pfarrkirche Santa Eulàlia thront. Dicht gestaffelt stehen die Häuser am Hang, enge Gassen winden sich wie ein Labyrinth durch den Altstadtkern, vorbei an weiß gekalkten Häusern, deren grüne Türen und Fenster liebevoll mit Häkel- oder Spitzengardinen ausstaffiert sind. Im unteren Ortsteil findet man Schulgebäude, Käsefabriken und große Supermärkte. Rund um Alaior erstrecken sich kleine Gemüsegärten, in denen Melonen, Kürbisse

	Sightseeing		**Hotels**
	Museum		**Restaurants**
	Baden		**Shopping**
	Sport & Freizeit		**Nightlife**
	Ausflüge		**Feste**
	Information		**Verkehr**

und Gemüse gezüchtet werden und Obstplantagen, in denen Mispeln, Aprikosen, Pfirsiche und Äpfel gedeihen.

 Pati de sa Lluna: Durch einen Torbogen betritt man den stillen Innenhof des ehemaligen Franziskanerklosters aus dem 17. Jh. Die früheren Klosterzellen des Kreuzganges sind zu kleinen Wohnungen umgestaltet worden, in denen Künstler, junge Leute und viele Zuwanderer wohnen. Auf der Balustrade ranken Grünpflanzen, Blumentöpfe stehen vor den Haustüren und bunte Wäschestücke hängen auf den Leinen, die quer über den Hof bis zum alten Ziehbrunnen gespannt sind. Sporadische Gastspiele von Musik- und Theatergruppen füllen den Patio im Sommer mit fröhlichem Leben.

Convent de Sant Diego: Die ehemalige Kirche des Franziskanerklosters wurde von der Stadtverwaltung in einen Ausstellungssaal verwandelt, in dem verschiedene Kunst- und Fotoausstellun-

Im Landesinneren verbergen sich hinter den typischen Gattern idyllische Fincas

gen stattfinden (Di–So 19–21 Uhr).

Plaça de la Constitució: Das Kulturzentrum mit Bar und Kino, das Café Ca na Divina, das im Sommer Tische und Stühle auf den Platz stellt, und historische Wohnhäuser mit hübschem Fassadenschmuck gruppieren sich rund um den Hauptplatz, von dem fünf Straßen in alle Richtungen führen.

Cases Consistoriales: Im Carrer Major erhebt sich das palastartige Gebäude aus dem 17. Jh., in dem 1672 die erste Ratssitzung stattfand. Eine Tafel im ersten Stock oberhalb der schönen Freitreppe erinnert an den Besuch des spanischen Königs Alfons XII. im Jahre 1877. Im Erdgeschoss befinden sich ein alter Ziehbrunnen und Räume für Ausstellungen und Vorträge. Das Rathaus birgt außerdem eines der ältesten Stadtarchive der Insel.

Església de Santa Eulàlia: Wie eine Festung erhebt sich die 1674–90 gebaute Hauptkirche auf dem höchsten Punkt der Stadt. Sehenswert ist die Fassade mit dem prachtvollen Barockportal, das pflanzliche Ornamente, Grotesken und das Bildnis der Heiligen Eulàlia aufweist. Im Innenraum beeindruckt die seitlich angebaute Rosenkranzkapelle mit dem vergoldeten Altaraufsatz.

Parc Munt de l'Angel: Von der Kirche Santa Eulàlia erreicht man durch den Carrer de l'Angel in wenigen Minuten den Parc Munt de l'Angel, wo sich ein schöner Ausblick auf die umliegende Landschaft mit ihren kleinen Gemüsegärten und dem in der Ferne aufragenden Berg El Toro öffnet.

Sant Pere: Über die Plaça Nova im nördlichen Teil der Altstadt gelangt man zur Kirche Sant Pere mit ihrem hübschen Barockportal und dem schattigen Vorplatz. Von dort sind es nur wenige Minuten zur restaurierten Windmühle und zu dem am Camí d'en Kane gelegenen Friedhof der Stadt.

Malschule Art & Menorca: Am Camí d'en Kane 4 km Richtung Maó steht das Landhaus Santa Lucia, in dem die Malschule ›Art & Menorca‹ des Österreichers Heinz Baloun untergebracht ist. Ein großer Skulpturengarten, in dem Stein- und Holzfiguren verschiedener Künstler stehen, umgibt das Anwesen.

Can Jaumot: Carrer Sant Joan Baptista 6A, Tel. 971 37 82 94, So geschl., günstig
In der Unterstadt neben den Schulgebäuden, preiswertes Tagesmenü, besonders bei Einheimischen beliebt.

Mesón Menorca: Avinguda Pare Huguet 42, Tel. 971 37 87 72, moderat
Spezialität des modernen Speiselokals sind gegrilltes Fleich, Pizza und Torrades (geröstete Bauernbrotscheiben mit Wurst, Schinken oder Käse).

The Cobblers: Costa d'en Macari 6, Tel. 971 37 14 00, nur abends, So geschl., teuer
Ehemalige Schuhwerkstatt im Herzen der Altstadt, hübscher Garten im Innenhof. Englische Besitzer servieren Gerichte aus England, Frankreich und dem Mittelmeerraum.

Wochenmarkt: Donnerstag vormittags rund um die breite Avinguda del Pare Huguet.

Coinga: Carrer Es Mercadal 2–4, Käsefabrik mit Verkaufsraum, s. Extra-Tour 4, S. 90.

S'altra Senalla: Carrer Menor 21,

Bernardo prüft den Queso Mahón im Käseladen Torralba in Alaior

Solidaritätsladen mit hübschem Kunsthandwerk und Lebensmitteln aus der Dritten Welt.

Centre Comercial Es Plans: Crta. Maó – Ciutadella km 14,8 Verkaufsräume der bekannten Schuhmarke Pons Quintana: elegante Damen- und Herrenschuhe, Lederjacken und -gürtel, Handtaschen.

Um den 10. August: Patronatsfeiern zu Ehren von Sant Llorenç, u. a. Umzug mit geschmückten Kutschen und Pferderennen zwischen Stadt und Friedhof.

Bus: Carrer Sant Joan Baptista, nach Maó und Ciutadella, 6 x tgl.
Taxi: Plaça des Ramal, Tel. 971 36 71 11

Arenal d'en Castell

Lage: H 3

Die halbmondförmige Bucht mit feinsandigem Strand und türkisblauem Wasser bietet viel Platz für Sonnenanbeter. Die umliegende Küstenlandschaft ist karg, aber dennoch reizvoll. Besonderen Charme lassen dagegen die fantasielos gestalteten Hotelblöcke und die recht öden Lokale an der Durchgangsstraße vermissen. Ein Zentrum gibt es in Arenal d'en Castell nicht, die Einkaufsmöglichkeiten beschränken sich auf wenige Supermärkte.

Sport: Tennisplätze, Pools, Fitnessraum und Animation im Hotel Aguamarina. Tretbootverleih am Sandstrand.
Tauchen: Dive Centre, Plaça de la Mar 2, Tel. 971 35 85 22 E-Mail la-sirena@teleline.es
PADI-Kurse, täglich zwei Ausfahrten, Nacht-, Grotten- und Wracktauchen, Schnorchel- und Segeltouren.

Die hübschen Apartmentanlagen **Isla Paraiso** (oberhalb der Bucht) und **Marina Park** (im Landesinneren) sind nur über Reiseveranstalter zu reservieren.

Romani: Av. s'Arenal 11–19, Tel. 971 35 80 96, günstig

Restaurantterrasse hoch über dem Meer. Snacks, preiswerte Fischgerichte, menorquinische Suppe *Oliaigo* und im Ofen gebackene Auberginen (*Albergínies al forn*).
Alcalde: Av. s'Arenal 62–116, Tel. 971 35 80 93, moderat
Hübscher Speisesaal, schattige Terrasse, mittags lassen sich viele Einheimische das preiswerte Tagesmenü schmecken.

Bus: 2 x tgl. nach Maó, 1 x tgl. nach Fornells.
Ein Minizug fährt durch die gesamte Feriensiedlung.

Binibèquer (Binibeca)

Lage: H/J 8

Zwischen Torret de Baix und Binissafúller erstreckt sich die weitläufige Feriensiedlung Binibèquer, die sich aus einem neuen (Binibèquer Nou) und einem alten Ortsteil (Binibèquer Vell) zusammensetzt. Am Rande des aus verstreuten Privatvillen bestehenden Binibèquer Nou liegt der hübsche Sandstrand mit dem alten Bootshäuschen, in dem ein nettes Strandcafé eingerichtet ist. 1 km weiter in westlicher Richtung präsentiert sich der preisgekrönte Ferienkomplex ›Poblado de Pescadores Binibeca Vell‹, der wie eine weiße Schneeflocke an der felsigen Küste klebt. Das Bilderbuchdörfchen entstand vor mehr als 30 Jahren auf dem Zeichentisch eines menorquinischen Architekten. Spaziergänger und Besucher lassen sich durch die verspielten Formen der einfallsreichen Architektur, die engen Gassen, niedrigen Torbögen und winzigen Plätze bezaubern. Im Gassengewirr entdeckt man schmale Durchgänge, antike Türen, hübsche Keramikschilder und Gattertore in Miniatur. Den Mittelpunkt bildet eine offene Kapelle mit einer grazilen Christusfigur und einem hoch aufragenden Campanile. Von der Meerseite sieht das Ensemble so aus, als hätte man weiße Kalkfarbe über eine Ansammlung von beliebig zusammengewürfelten Bauklötzen gegossen.

Die nächsten **Sandstrände** liegen zu Fuß etwa 10 Min. entfernt.

Einen **Pool** und **Squashboxen** gibt es in der Shopping-Zone von Binibeca Vell. **Wassersport** (Tauchschule, Bootsverleih) findet man in Torret de Baix.

La Boyera: Zwischen Binibèquer und Binissafúller, Tel. 971 15 17 86, Fax 971 15 08 25, www.laboyera.com, günstig/moderat
Hübsche Apartmentanlage mit Studios (2 Pers.) und Apartments (4 Pers.), Pool, Tennisplätze, Garten, Fahrradverleih, 10 Min. zum Strand von Binissafúller.
Complejo Turístico Binibeca Vell: Tel. 971 15 06 08, Fax 971 15 10 23, moderat
Apartments in den weißen Häusern der gleichnamigen Feriensiedlung und im moderneren Teil rund um den Pool. Alle Wohnungen (1–4 Pers.) verfügen über eigene Küche und werden täglich gereinigt.

Bini Inn: Zwischen Binibeca Vell und dem Sandstrand Tel. 971 15 00 61, moderat
Bar, Garten mit Pool, Speisesaal mit Meerblick. Frischer Schwert-

fisch *(Emperador)* oder Thunfisch *(Atún)* ist die Spezialität von Manolo.

Binissafúller

Lage: H 7

Der Meeresarm, der sowohl von kleinen Bootsgaragen als auch von modernen Ferienhäusern umgeben wird, endet an einem idyllischen Sandplatz. Die blendend weißen Dächer der Häuser sind im Sommer von blühenden Bougainvilleen überrankt. In der Umgebung findet man zwei Restaurants und die Miniaturbucht **Es Caló Blanc,** die als kleinster Strand der Insel gilt.

Der versteckte Badeplatz der **Cala de Biniparratx** liegt am Ende einer Kalksteinschlucht: Man erreicht ihn vom steinigen Parkplatz aus nach 5–10 Min. Wanderung.

Cala de Binidalí (H 7): Die moderne Feriensiedlung hier besteht aus luxuriösen Ferienhäusern, gepflegten Pools und tollen Gartenanlagen. Zerklüftete Küstenfelsen schieben sich weit ins Meer hinein und verbergen die kleine Sandbucht Cala de Binidalí, die man über einen abschüssigen Pfad erreicht (s. auch Restaurant Binidalí).

Oasis Bienvenido: Crta. Cap d'en Font 60, Tel. 971 18 86 23, moderat
Von Oleander und Bougainvilleen umgebene Anlage mit 30 Apartments (einfache, aber ausreichende Ausstattung), schöner Pool, Sonnenterrasse, Restaurant mit italienischer Küche, Auto- und Fahrradverleih.

Binisafua Playa: Crta. Cap d'en Font, Tel. 971 15 18 69, moderat
Einfaches Lokal mit schattiger Terrasse, 100 m vom Strand. Snacks, menorquinische Spezialitäten und ausgezeichnete Paella.

... in Binidalí
Restaurant Binidalí: Binidalí 53, Tel. 609 37 60 66, moderat
Der seit mehr als 20 Jahren auf der Insel ansässige Helmut A. Heitzmann und seine spanische Frau Ana führen das nette Lokal am großen Pool. Kleine Karte mit einfachen Gerichten, darunter Kaninchen mit Knoblauchsauce, deutsches Bier. Auch Apartmentvermittlung.

So genießt man den Sonnenuntergang in der Cala de Binibèquer

Cala d'Alcalfar

Lage: K 7

Südlich von Sant Lluís liegt diese stille Sommersiedlung am Rande einer lang gestreckten Bucht, die seit altersher Wochenend-Domizil von menorquinischen Familien ist, die in hübschen Villen die heißen Sommertage genießen.

Viele zauberhafte Häuschen aus dem frühen 20. Jh. sind erhalten, wie die **Villa Antonieta** aus dem Jahre 1921 im Carrer Ample. Am Ende der Bucht liegt der nur 50 m lange Sandstrand, doch auch die Rampen vor den Bootshäusern dienen als Badeplätze.

Das stattliche Anwesen **Quatre Vents** am Ortseingang gehört dem bekannten spanischen Bildhauer Eduardo Chillida. Schräg gegenüber steht die 1947 gebaute **Ermita de Sant Esteve,** eine Kapelle mit schattigem Vorplatz.

 Es Caló Roig: Über dem winzigen Sandplatz Es Caló Roig, wacht auf einer Felsnase der von den Spaniern im 18. Jh. gebaute Turm **Torre d'Alcalfar,** der vor einigen Jahren renoviert worden ist. Gegenüber schützt die Felsinsel **Es Torn** die Badeplätze vor hohem Seegang.

S'Algar: Eine 30-minütige Rundwanderung führt erst küstennah bis nach S'Algar und dann küstenfern an verwilderten Gemüsegärten vorbei, bis man bei der roten Villa San Pancracio wieder auf die Zufahrtsstraße nach Alcalfar stößt.

Hotel Xuroy: Tel. 971 15 18 20, Fax 971 15 66 24, teuer

Strandhotel im alten Stil mit 87 Fremdenbetten, einige Zimmer mit Balkon, schöner Pool.

Piccolo Mundo: Carrer de Xaloc 13, Tel. 971 15 10 73, moderat Gartenlokal unter schattigen Bäumen, mit schönem Blick auf die Nachbarsiedlung S'Algar. Snacks, Mittag- und Abendmenü, Grillabende mit Live-Musik.

Bus: 6 x tgl. nach Sant Lluís und Maó.

Cala Blanca

Lage: A 4

Die südlich von Ciutadella gelegene Feriensiedlung ist ein weitläufiges Gebiet mit hübschen Privathäusern, vielen Bäumen, drei mittelgroßen Hotels und einigen Apartmentanlagen. Der weiße, feinsandige Strand am Ende einer fjordartigen Bucht wird von einem Kiefernwäldchen und terrassenförmig angelegten Grünflächen mit Bänken und Kinderspielplatz begrenzt. Zu beiden Seiten der Bucht dienen Steinplatten, Leitern und Stufen als versteckte Sonnen- und Badeplätze. Eine kleine Kapelle und die Shoppingmeile mit Boutiquen, Bars und Restaurants bilden eine Art Ortsmittelpunkt.

Außer am Sandstrand von **Cala Blanca** gibt es im nördlichen Teil der Siedlung, vor dem **Hotel Blancala,** und in der Bucht **Clot de Sa Cera** schöne Badeplätze.

Kleine **Wasserrutsche** bei der Gartenbar ›¡Hola Ola!‹, an der Südseite der Bucht.

Hübsche Sommerfrische mit langer Tradition: die Alcalfar-Bucht

Tauchen: Crystal Seas Scuba Menorca, Avinguda de Cala Blanca, Tel. 971 38 70 38
Englische Tauchschule neben dem Freizeitkomplex Es Mirador (Pools, Sonnenliegen, Bars und Restaurants).

 Hotel Mediterrani: Tel. 971 38 42 03, Fax 971 38 61 62, moderat/teuer
Erstklassig geführte Hotelanlage mit 180 Zimmern, großzügig angelegter Garten mit tropischer Vegetation und hübschem Pool, 100 m vom Strand, gepflegte Atmosphäre in der Bar und im Restaurant. Tennisplatz, Fahrradverleih.

Hotel Sagitario: Tel. 971 38 28 77, Fax 971 38 33 19, moderat/teuer
Gepflegte Hotelanlage mit 72 geschmackvoll eingerichteten Zimmern auf 2 Etagen, Buffetrestaurant, Garten, Pool, Abendunterhaltung. Ruhigere Zimmer zum Garten.

 Zhong Hua: Avinguda de la Platja 7, Tel. 971 38 58 84, günstig
Chinesische Küche mit Reis-, Fleisch- und Fischgerichten für den kleinen Geldbeutel, auch zum Mitnehmen.

Il Girasole: Avinguda de Llevant URB C3, Tel. 971 38 51 68, moderat
Italienisches Restaurant am Südrand der Bucht mit Terrase über dem Meer. Hausgemachte Teigwaren, Risotto, knusprige Pizza.

Es Moix: Centre Comercial s/n, Tel. 971 48 24 29, nur abends, teuer
Klein, aber fein, mit hübsch gestaltetem Interieur, nur rund zehn Tische, die Wände schmücken Bilder des menorquinischen Malers Pepe Torrent. Das junge katalanische Team präsentiert eine kleine, ständig wechselnde Speisekarte mit Rezepten aus Katalonien und dem Baskenland.

Es Caliu: Crta. Ciutadella-Cala Blanca, Tel. 971 38 01 65, teuer
Rustikales Grilllokal. Der uruguayische Restaurantchef sorgt für but-

terzarte Steaks vom Holzkohlen-grill, Spanferkelbraten und Riesen-portionen Lammschulter.

🥂 **¡Hola Ola!:** auf der Südseite des Strandes bei der Wasser-rutsche
Nette kleine Gartenbar, Tische unter Schirmen aus Palmenblät-tern, Sangria, Cocktails.
Moonlight Cocktail Bar: auf der Nordseite des Strandes
Große Terrasse mit Live Musik, tro-pischen Cocktails, ideal in langen lauen Sommernächten.
The Blarney Stone: Avinguda de Cala Blanca im Centro Comercial Bester Platz für den Sonnenunter-gang: Irish Pub mit Live-Musik, Poolbillard, dunklem Stout und natürlich Irish Coffee.

🔄 **Bus:** 15 x tgl. n. Ciutadella, 1 x tgl. n. Cala en Bosc
Mini Tren: Ein Minizug fährt alle halbe Stunde durch die ganze Fe-riensiedlung, die Haltestellen sind mit ›Tren‹ (Spanisch) und ›Turistic-Train‹ (Englisch) gekennzeichnet.

Cala en Blanes / Los Delfines

Lage: A 3

Die Buchten von Cala en Blanes, Cala en Brut, Cala en Forcat und Cales Piques ziehen sich tief ins Land hinein. Je weiter man nach Norden fährt, umso karger wird die Landschaft und umso größer werden die Bettenburgen. Wie Kraut und Rüben sind in diesem nördlich von Ciutadella gelegenen Gebiet in den letzten 30 Jahren Hotels und Apartmentblöcke aus dem Boden geschossen. Rund 7000 Feriengäste, die meisten

sind aus Großbritannien, verbrin-gen dort gleichzeitig ihren Urlaub.

🧭 An der **Plaça Espanya,** auf der die steinernen Delfine als Wahrzeichen der Feriensiedlung ›Los Delfines‹ stehen, erhebt sich die kleine offene Kapelle mit den Bänken unter freiem Himmel, dem einfachen Altar und dem Kachel-bild der Virgen del Toro, der Schutzheiligen von Menorca.
Torre del Ram: Auf dem Hoch-plateau nördlich der weit gestreu-ten Siedlung überragt die Torre del Ram, ein Wachtturm aus dem 17. Jh., den nordwestlichen Inselteil. Die aus losen Feldsteinen zusam-mengesetzten, pyramidenförmi-gen Konstruktionen, die in dieser Gegend dutzendweise auf den Feldern stehen, heißen Barraques und dienen den Bauern als Vieh-ställe.

🏖 **Cala en Blanes:** Der fjord-artige Meeresarm schneidet sich tief ins Land hinein. Dahinter erstreckt sich ein Sandstreifen mit schattigem Palmenhain und Strandkiosk. Die Nordseite der Bucht säumen luxuriöse Ferienvil-len, vor denen Steinplatten und Stufen den Einstieg ins Meer er-leichtern.
Cala en Brut: Die Felsflanken die-ser Bucht sind mit Steinplatten be-stückt, die als Sonnenterrassen oder Sprungbretter in das türkis-blaue Wasser dienen. Zweifellos handelt es sich um einen der schönsten Badeplätze nördlich von Ciutadella.
Cala en Forcat: Unterhalb des Hotels Almirante Farragut werden die beiden Meeresarme von Stu-fenwegen, Steinplatten und klei-nen Brücken gesäumt.
Cales Piques: Nackte Felsen um-schließen die schmalen, weniger

Ein schönes Souvenir, von dem man länger etwas hat: getrocknete Kräuter aus dem Inselinneren

attraktiven Meeresarme von Cales Piques.

 Aquapark Los Delfines: beim Hotel, tgl. 10.30–18 Uhr, Erwachsene 12 €, Kinder bis 12 Jahre 8 €

Das große Spaßbad bietet viel Wasservergnügen für die ganze Familie.

Pferdekutschen: vor dem Aquapark

Pferderennen: auf der Pferderennbahn Torre del Ram jeden So um 18 Uhr Trabrennen.

Tauchen:

Happy Sub Barakuda Club: Tauchschule unter österreichischer Leitung. **Hotel Farragut** oder **Centro de Buceo,** Plaça Sto. Domingo, Tel. 608 097 078. Kurse für Anfänger und Fortgeschrittene.

Punta Nati (A2): Vom Stadtrand Ciutadellas sind es 6 km auf der schmalen Landstraße bis zur Punta Nati, der Nordwestspitze Menorcas, auf der sich der 1911 gebaute Leuchtturm in vegetationsloser, windgepeitschter Landschaft erhebt. Die **Cala es Morts** erinnert mit ihrem Namen an eines der schrecklichsten Schiffsunglücke der menorquinischen Seefahrergeschichte, bei dem rund 100 Seeleute ums Leben kamen.

Pont d'en Gil (A3): Dort, wo die Avinguda de Cales Piques und der Carrer de la Mar zusammentreffen, beginnt der küstennahe Wanderpfad zum Pont d'en Gil, einem Felsentor, dessen Unterwasserwelt zu den schönsten des Mittelmeers gehört.

Almirante Farragut: Cala en Forcat, Tel. 971 38 80 00, Fax 971 38 61 18, moderat/teuer

Das 880-Betten-Hotel, das wie eine Festung auf dem Felsen direkt am Meer thront, ist eines der wenigen Unterkunftsbetriebe nördlich von Ciutadella, in denen auch spanische und deutsche Reiseveranstalter Zimmerkapazitäten reserviert haben. Tennisplätze und Tauchschule im Haus.

Grill Las Brasas: Los Delfines, Tel. 971 38 81 16, moderat
Im Landhausstil eingerichtetes Grill-Lokal. Steaks, Spanferkelbraten und Bauernbrot mit Schinken.
Maxi's Bar: Los Delfines, moderat
250 m vom Hotel Farragut an der Steilküste. Herrlicher Badeplatz mit Liegen und Sonnenschirmen auf den Felsplateaus, Dusche und Stufen hinunter ans Meer. Ideal auch für einen Snack oder kühlen Drink zum Sonnenuntergang.

Bus 15–20 x tgl. nach Ciutadella, Haltestellen in allen Ortsteilen

Cova d'en Xoroi

Im oberen Ortsteil von Cala en Porter weist ein Schild zur Steilküste, die sich in dramatischer Gebärde ins Meer stürzt. Dort versteckt sich die Naturhöhle Cova d'en Xoroi, die zu den bekanntesten Sehenswürdigkeiten der Insel gehört. Aussichtsterrassen, Tunnel und verschwiegene Nischen laden zum Erforschen und Verweilen ein. An der Bar wird die im Eintrittspreis enthaltene Erfrischung ausgeschenkt (tgl. 10.30–21 Uhr).

Cala en Porter

Lage: G 6–7

Besonderen Charme lässt die weitläufige Feriensiedlung, die sich auf der Ostseite der von hohen Felsen umschlossenen Sandbucht erstreckt, missen. Viele private Bungalows mit kleinem Garten und Pool, mittelgroße Hotels und Apartmentkomplexe, in denen hauptsächlich englische Gäste ihre Ferien verbringen, eine wenig attraktive Einkaufsstraße mit Souvenirgeschäften, Snackbars und Restaurants prägen das Ortsbild. Unterhalb zieht sich eine fruchtbare, üppig bewachsene Schlucht ins Land hinein, in Küstennähe haben Enten in einem schilfbestandenen Feuchtgebiet ein Refugium gefunden. Der Strand ist breit und feinsandig.

Tretbootverleih am Strand, **Tennisplätze** hinter dem Restaurant Salamandra.

Cales Coves (G7): Von dem Carrer Sant Domènec, am Rande der Feriensiedlung, führen mehrere Pfade küstennah auf den steil ins Meer abfallenden Felsen in östliche Richtung. Nach etwa 10 Min. kommen die ersten Höhlen von Cales Coves in Sicht. Die Felswände dieser aus zwei Meeresarmen bestehenden Doppelbucht sind wie ein Schweizer Käse von prähistorischen Begräbnishöhlen durchlöchert. Ein schmaler Pfad führt abschüssig hinunter an die Buchten. (s. Cales Coves S. H42)

Castillo Sancho Panza: Avinguda Central 342, Tel. 971 37 73 84, günstig
Einfaches 1-Sterne-Hostal mit Res-

Nachts trifft sich hier die Szene: Disco in der Cova d'en Xoroi

taurant im Stil eines mittelalterlichen Ritterschlosses gestaltet. 8 Zimmer mit Dusche/WC, spartanisch, aber sauber.

Apartamentos Juan-Tom: Avinguda Central H.8, Tel./Fax 971 37 72 31, moderat
Zentral gelegenes Apartmenthaus mit 6 Ferienwohnungen jeweils für 4 Pers., Küche, Terrasse, Poolbenutzung, deutsch-menorquinische Besitzer.

El Pulpo: Avinguda Central 347, Tel. 971 37 71 10, Mi mittag geschl., moderat
In der Ortsmitte gelegenes Speiselokal mit großer Terrasse. Im Ofen gegarter Fisch oder Seezunge mit Mandelsauce sind Spezialitäten von Wirt Salvador Selma.

La Vela: Passeig Marítim, Tel. 971 37 74 52, moderat
Die charmanten finnisch-spanischen Besitzerinnen servieren in hellen Speisesälen ausgefallene Gerichte von süßsaurem Hering bis zu Rentier-Geschnetzeltem.

Cova d'en Xoroi: in der Vor- und Nachsaison Fr/Sa, im Hochsommer tgl. ab 23 Uhr bis open end
Disco in der Naturhöhle mit bekannten DJs, mal aus London, mal aus Ibiza eingeflogen, auch zahlreiche Sonderveranstaltungen und jeden Do sogar Schaumparty. Siehe auch Kasten!

Aloha: Carrer Xaloc 10, in der Hochsaison tgl. 20 Uhr bis open end, im Mai/Okt So und Mo geschlossen
Manuelita und Eduardo bewirten ihre Gäste in einer im polynesischen Stil eingerichteten Cocktailbar mit exotischen Drinks und ausgefallenen Mixturen.

Um den 20. Sept.: Cala en Porter ist die einzige Feriensiedlung, in der ein traditionelles Reiterfest gefeiert wird.

Bus: 7 x tgl. nach Sant Climent und Maó

Cala Galdana

Lage: D 5

Hohe Steilküsten und Kiefernwälder umgeben die halbmondförmige Badebucht, die sich am Ende einer wild-romantischen Schlucht zum Meer öffnet: Durch den Barranc d'Algendar fließt ein ganzjährig Wasser führender Wildbach.

Im Uferbereich des Wasserlaufes ankern kleine Boote, und zahlreiche Entenfamilien schnattern im Schilf. Über eine Autobrücke gelangt man von der Landstraße über den Bach zur Westseite der Feriensiedlung, wo Restaurants, Einkaufsmöglichkeiten sowie Hotels und Apartmentanlagen zu finden sind. Eine Fußgängerbrücke führt von dort über die Flussmündung auf eine Halbinsel und an den daran anschließenden Badestrand. Das die Feriensiedlung umgebende Naturschutzgebiet bietet viele idyllische Winkel und verschwiegene Badeplätze. Auch Wanderer finden rund um die Cala Galdana ein herrliches Terrain.

Auf schönen Waldpfaden erreicht man die Naturstrände **Cala Macarella** (ca. 40 Min.) im Westen und **Cala Mitjana** (ca. 30 Min.) sowie **Cala Trebalúger** (ca. 60 Min.) im Osten.

Wassersport: Vor dem Hotel Gavilanes gibt es vom Windsurfing über Segeln, Wasserski, Bootsverleih bis zu Yachten mit Skipper alle Wassersportmöglichkeiten.
Freizeitkomplex: Wasserrutschbahnen und Minigolf liegen neben der Autobrücke auf der Westseite des Wildbaches.

Tauchschule
Club Submorena Divers: Passeig des Riu, Tel. 971 15 46 57 www.submorenadivers.de Deutsche Leitung, 2 Ausfahrten täglich, herrliche Tauchgründe im Inselsüden.
Reitschulen
An der Landstraße nach Ferreries bieten zwei Dressurschulen regelmäßig Pferdeschauspiele an:
Son Martorellet: Crta. Cala Galdana km 1,5, Tel. 971 37 40 66, Mai–Okt. Di und Do 20.30 Uhr
Club Escola Menorquina: Crta. Cala Galdana km 0,5, Tel. 971 15 50 59, Juni–Sept. Mi und So 20.30 Uhr

Vom Ortseingang erreicht man den Aussichtspunkt **Mirador des Sa Punta (D5),** der einen herrlichen Panaromablick über die gesamte Bucht und einen Blick auf das offene Meer ermöglicht. Der **Mirador des Riu** bietet einen Ausblick auf den Wildbach und die Schlucht des Barranc d'Algendar. Das Hotel Audax organisiert geführte Wandertouren.

Hotel Audax: Tel. 971 15 46 46, Fax 971 15 46 47, www.rtmhotels.com, moderat/ Luxus
Gepflegtes 4-Sterne-Hotel mit 244 Zimmern. Schöner Pool, Fitness-Center, Sportprogramm mit Tennis, Wandertouren, Mountainbiking.
Sol Elite Gavilanes: Tel. 971 15 45 45, Fax 971 15 45 56, E-Mail sol.elite.gavilanes@solmelia.com, teuer/Luxus
Das vor wenigen Jahren vollkommen renovierte 4-Sterne-Hotel mit 357 Zimmern steht direkt am Sandstrand, alle Zimmer mit Terrasse, die meisten mit Blick aufs

Da strahlen die Kleinen: Badespaß in der Cala Galdana

Meer. Speisesaal mit Buffet oder à-la-carte sowie schöne Caféterrasse im oberen Stockwerk.

Camping
Sa Talaia: Crta Cala Galdana, km 4, Tel./Fax 971 37 42 32
3 km vom Strand unter schattigen Bäumen gelegen, etwa 100 Stellplätze, Bar, Restaurant und Pool.

Agroturisme
Son Triay Nou: Crta. Cala Galdana (Einfahrt gegenüber der Gärtnerei Truvy), Tel. 971 15 50 78, im Winter Tel. 971 36 04 46
Stolzer Gutshof mit Hauskapelle, 4 Gästezimmern sowie kleinem Gartenhäuschen, Kochgelegenheit und gemütliche Aufenthaltsräume mit Kamin, Pool, Garten und Tennisplatz.

S'Escopinya: Complejo Binisaïd, günstig
Der beste Platz für Leckermäuler, von morgens früh bis abends spät Kuchen und Torten aus eigener Konditorei, auch belegte Brote und kleine Gerichte.
Es Barranc: Passeig des Riu, Tel. 971 15 46 43, moderat

Der einzige Fischer von Cala Galdana fährt für Eduardo aufs Meer, Fisch auf menorquinische Art ist deshalb Spezialität des Hauses. Köstlich ist auch die Lammschulter *(Xot),* und die Langustensuppe ist preiswerter als woanders.
El Mirador: Tel. 971 15 45 03, moderat/teuer
Das auf der Halbinsel zwischen Flussmündung und Meer gelegene Lokal ist vor allem aufgrund der schönen Lage zu empfehlen – das Essen ist dabei fast Nebensache.

Bus 4 x tgl. nach Ciutadella, 9 x tgl. nach Ferreries, von dort Anschluss nach Maó.

Cala Morell

Lage: B 2

In der nördlich von Ciutadella gelegenen Bucht kontrastieren bizarre rötliche Felsformationen mit tiefblauem Meer und schneeweißen, harmonisch in die Landschaft eingepassten Ferienhäusern. Im oberen Teil der Bucht liegt die Cueva Son Morell, ein verzweigtes Höhlensystem, in dem die Ureinwohner einst die Gebeine ihrer Angehörigen bestatteten. Am Meer findet man einen kleinen Sandplatz und Steinplatten, die rund um die Bucht führen.

Sa Torre d'en Quart: Im Hinterland erhebt sich der von Feigenkakteen umgebene Wachtturm, der Teil eines Bauernhauses ist und dessen Ursprünge bis auf das 14. Jh. zurückgehen. Er ist ein typisches Beispiel für die menorquinischen Wehrhöfe, in denen die Landbevölkerung bei Piratenangriffen Schutz suchte.

Cala d'Algaiarens: Östlich von Morell erstrecken sich in Privatgebiet die herrlichen Naturstrände von Algaiarens. Bei Passieren des Gattertors ist eine Wegegebühr zu entrichten.

Agroturisme Biniatram: Crta. Cala Morell, Tel. 971 38 31 13, Fax 971 48 28 27, www.infotelecom .es/biniatram, moderat/teuer Altes Landgut mit eigener Kapelle, rustikal eingerichtete Zimmer und Apartments, schöner Pool, Garten und Tennisplatz.

Troglodita`s: Uriges, in einer Felshöhle oberhalb der Bucht eingerichtetes Lokal.

Ecomuseu de Cap de Cavalleria

Das 1997 eröffnete Ökomuseum bietet eine permanente Ausstellung über die ersten Bewohner Menorcas, von den Talaiot-Menschen bis zur römischen Besiedlung der Insel. Das Museum ist in den Gebäuden des ehemaligen Landgutes Santa Teresa eingerichtet und verfügt nicht nur über einen kleinen Laden, in dem u. a. viele interessante Bücher über die Insel verkauft werden, sondern auch über ein nettes Café. In der Nähe kann man römische Ruinen besichtigen. Landgut Santa Teresa, tgl. 10–19/20 Uhr

Cales Coves

Lage: G 7

Die beiden Meeresarme im Süden der Insel sind von hohen Steilküsten umgeben. Im Sommer dienen sie als beliebte Ankerplätze für kleine Boote und stolze Yachten. An den umliegenden Felswänden öffnen sich rund 100 künstliche, in den Stein geschlagene Höhlen, die zwischen 800 und 350 v. Chr. von den Ureinwohnern als Begräbnisstätten benutzt wurden. Zudem wickelten die Karthager und später auch die Römer über diesen Landeplatz ihren Handelsaustausch ab. In der Cova de la Sala fand man römische Inschriften aus dem 2. Jh. n. Chr. und auf dem Meeresgrund unzählige Amphorenreste.

Moderne Wegelagerei: ohne ein Häppchen geht's nicht weiter

In den 70er Jahren begannen junge Leute die Begräbnishöhlen als kostenloses Sommerdomizil zu benutzen, auch einige feste Bewohner machten die Höhlenbucht zu ihrer Heimat. Die Zahl der Höhlenbewohner wurde immer größer, Unrat türmte sich am Strand. Die Inselregierung beschloss schließlich, die unliebsamen Besetzer auszuweisen, die Höhlen zu säubern und Gitter anzubringen. Nun soll die ehemalige Nekropolis als historische Sehenswürdigkeit einer breiteren Öffentlichkeit zugänglich gemacht werden.

 **Opera Due:** Urbanizació Cales Coves, Tel. 971 37 73 75, So abend und Mo geschl., teuer
Der nette italienische Besitzer serviert authentische Gerichte aus seiner Heimat, darunter hausgemachte Teigwaren und ein köstliches Tiramisú.

Cap de Cavalleria

Lage: F 1
Extra-Tour 3

Weit schiebt sich im Norden Menorcas die Landspitze des Cap de Cavalleria ins Meer hinein. Hoch oben auf der Klippe erhebt sich der weiße Leuchtturm. Fast senkrecht fallen die Felsen mehr als 90 m tief zur tosenden Brandung hin ab. Das Kap ist die nördlichste Spitze der Insel Menorca und der gesamten Balearischen Inseln. An windigen Tagen ist dies ein Logenplatz, um das aufgepeitschte Meer mit seinen weiß gischtenden Schaumkronen zu betrachten. Im Hinterland finden wilde Ziegen und Wanderer ein herrliches Terrain und immer wieder Ausblicke auf vorgelagerte Felsinseln und die abwechslungsreiche Küstenlandschaft des Inselnordens.

Ecomuseu, Santa Teresa: siehe Kasten.

Kurz vor Erreichen des Landguts von Santa Teresa führt links ein Pfad über den Hügel zu den schönen Naturstränden **Platges de Cavalleria.**

Far de Cavalleria (F1): Die asphaltierte Landstraße zieht sich vom Museum erst schnurgerade, dann in mehreren Windungen bis zum Ende der Landspitze des Kaps hinauf und endet vor dem Leuchtturm. Die Wanderung vom Museum bis dorthin dauert eine knappe Stunde. Unterwegs passiert man die Cala Viola und trifft auf zahlreiche freilaufende Ziegen und Zicklein, die Wanderern gerne ein Stückchen Brot aus der Hand fressen und selbst vor Autos keine große Scheu kennen.

Cap de Favàritx

Lage: J 3

Nachtblau ist das Meer und pechschwarz die Schieferlandschaft rund um den gischtbesprühten Leuchtturm auf dem Cap de Favàritx. Einsam steht er auf dem Nordostkap und warnt die vorbeifahrenden Schiffe vor den gefährlichen Felsen der zerklüfteten Küste.

Die Gegend rund um das Kap ist erdgeschichtlich der älteste Inselteil – ein Erlebnis für Geologen und Botaniker. Aber auch anderen Naturfreunden werden die bizarre Landschaft und die widerstandsfähige Flora, die in windgeschützten Erdmulden dem rauen Klima trotzt, faszinieren. Hüllenlose Schwimmer finden an den nahen Stränden Cala Presili und Cala Morella Nou ihr Refugium.

Ciutadella

Lage: A 3
Einwohner: ca. 23 000

Am Cap de Ponent, ganz im Westen der Insel, liegt die zweitwichtigste Stadt Menorcas. Aufgrund ihres harmonischen Stadtbildes gilt Ciutadella als eine der schönsten Städte Spaniens. Bereits die Phönikier sollen an dieser Stelle eine Handelsniederlassung unterhalten haben. Die römische Siedlung Iamo ist dokumentarisch belegt, und die Mauren, die den Ort Medina Minurka nannten, regierten dort mehr als 300 Jahre, bis sie von den Katalanen unter König Alfons III. abgelöst wurden.

Nachdem die Briten im 18. Jh. die Hauptstadt auf die Ostseite verlegt hatten, versank Ciutadella in die Bedeutungslosigkeit und konnte sich erst Mitte des 19. Jh. durch die aufblühende Schuhindustrie wirtschaftlich erholen. Heute verdienen die meisten Einwohner ihren Lebensunterhalt im Dienstleistungsgewerbe. Rund um Ciutadella stehen mehr als 50 % aller Fremdenbetten.

Im Zentrum der Stadt finden Spaziergänger Historisches aus vielen Jahrhunderten: Kirchen, Klöster und die Kathedrale, prachtvolle Paläste mit zauberhaften Innenhöfen, dämmrige Gassen, durchbrochen von mediterraner Lichtfülle. Ein Stadtbummel ist besonders schön, wenn die letzten Sonnenstrahlen die Paläste in weiches Abendlicht hüllen.

Plaça des Born: Auf dem mittelalterlichen Turnier- und heutigen Rathausplatz erhebt sich ein Obelisk, der an den schrecklichen Piratenüberfall von 1558 erinnert. Rund um den Platz stehen

das 1875 eingeweihte Stadttheater, die zinnenbekrönte Stadtverwaltung mit dem gotischen Sitzungssaal sowie die Adelspaläste der Familien Torre Saura, Salort und Vivó aus dem 18. und 19. Jh. Hinter dem Rathaus bietet die Bastió des Governador, ein Rest der alten Stadtbefestigung aus dem 17. Jh., einen Blick bis zur Hafenmündung. Die Kirche Sant Francesc war einst Teil eines Klosters, auf dessen Grundmauern sich heute das aus Kalksteinen erbaute Postamt erhebt.

Catedral: Das prachtvolle Gotteshaus wurde 1287 auf den Grundmauern der arabischen Moschee begonnen. Der heutige Glockenturm entstand auf dem Fundament des arabischen Minaretts. 1382 war die im Stil der katalanischen Gotik gestaltete Kirche fertig. Bei dem türkischen Überfall wurden jedoch große Teile des Gebäudes zerstört, und als Spätfolgen der im Innenraum verursachten Feuersbrunst stürzten 1626 mehrere Gewölbe über dem Altar ein. Die Restaurierungsarbeiten dauerten mehrere Jahrhunderte. Betritt man das 1813 vorgebaute Hauptportal, steht man dem 15 m hohen Baldachin, der sich über dem Marmoraltar wölbt, direkt gegenüber. Beachtenswert sind das Chorgestühl, der Bischofsstuhl, die Allerheiligenkapelle links neben dem Altar und das nach Süden ausgerichtete Portal de sa Llum ›Portal des Lichtes‹.

Ca'l Bisbe: In der Kopfsteinpflastergasse Ca'l Bisbe trifft man manchmal auf den Bischof mit Soutane, der aus seinem Palast kommend zur Kathedrale hinüber huscht. Der stille Innenhof des Bischofspalastes ist vormittags für Besucher geöffnet.

Ses Voltes und Plaça des Be: Die Arkadengasse Ses Voltes zieht sich durch den mittleren Teil des Altstadtkerns. Unter ihren Rundbögen kann man bei Hitze oder

Regen in aller Ruhe spazieren gehen. Auf halbem Wege trifft man auf die Plaça des Be, wo die Statue eines aus Bronze gegossenen Hammels an das Johannesfest erinnert.

Molí des Comte: siehe Kasten!

Plaça de Llibertat: In der kleinen Fischmarkthalle aus dem Jahre 1895 ist fangfrisches Meeresgetier im Angebot, unter den umliegenden Arkaden haben Gemüsehändler ihre Stände aufgebaut, und die Fleischer bieten ihre Waren in den blitzblanken gekachelten Läden feil.

Església del Sant Crist: Die in der gleichnamigen Straße gelegene Kirche aus dem Jahre 1667, deren Portal mit steinernen Blumen und Engeln geschmückt ist, birgt eine außergewöhnliche Christusfigur, die 1661 auf wundersame Weise mehrmals Blut geschwitzt haben soll.

Església del Roser: Die Rosenkranzkirche besticht durch ihre schöne Barockfassade, der Kirchenraum dient als Ausstellungssaal der Stadtverwaltung.

Casa Museu Torrent: Sant Rafel 11, Mo–Sa 11–13, 19.30–21.30, So 19.30–21.30 Uhr

In vier Ausstellungsräumen des Herrschaftshauses Can Faustino werden rund 50 Werke des aus Ciutadella stammenden Malers Josep Torrent (1904–90) gezeigt.

Castell de Sant Nicolau: Plaça Almirall Farragut, tgl. 11–13, 18–20 Uhr

Der achteckige Turm aus dem Jahre 1687 bewacht die Hafeneinfahrt. Das von den Spaniern gebaute Kastell wurde vor einigen Jahren restauriert und wird seitdem von der Stadtverwaltung für Ausstellungen genutzt.

Museu Municipal: Bastió de Sa Font, Di–Sa 10–14 Uhr

Archäologisches Stadtmuseum mit Fundstücken aus der menorquinischen Vorgeschichte sowie aus römischer und arabischer Zeit. Im Untergeschoss werden Sonderausstellungen veranstaltet (Extra-Tour 1, S. 84).

Museu Diocesà: Carrer del Seminari, Juni–Sept. Di–So 10.30–13.30, Di–Sa 19–21 Uhr, sonst nur Di–Sa 10.30–13.30 Uhr

Das im Priesterseminar eingerichtete Diözesanmuseum hat einen wunderschönen stillen Orangenhof, um den sich verschiedene Ausstellungssäle gruppieren. Die permanente Sammlung umfasst Fundstücke aus der Vor- und Frühgeschichte, der römischen Koloni-

Molí des Comte

Am Palmenplatz stand bis Ende des 19. Jh. das Stadttor. Gegenüber erhebt sich die Windmühle des Grafen (Moli des Comte), in der ein Café eingerichtet ist. Seit Sommer 2001 kann der Mühlenturm jeden vormittag (außer So) 11–13 Uhr besichtigt werden, Do mit Führung auf Spanisch und Englisch. Im banachbarten Getreidespeicher werden typische menorquinische Produkte verkauft, und ein Informationsbüro gibt über Kulturveranstaltungen der Stadt Auskunft.

Beim Johannisfest, der Festa de Sant Joan, pflegt man in Ciutadella ungewöhnliche Sitten: hier der Schafsträger, der das Fest eröffnet

sierung und der frühchristlichen Epoche. In einem Saal sind die Werke des menorquinischen Malers Pere Daura (1896–1976) ausgestellt. Teil des Klosters ist die Esglèsia dels Socors (›Mariahilf-Kirche‹) mit der großen Orgel und der neu gestalteten Fassade.
Palau Salort: Carrer Major des Born, Mo–Sa 10–14 Uhr
Adelspalast der Familie Salort mit Kaminzimmer, Ball- und Spiegelsaal, großer Küche, Schlafgemächern und blumengeschmücktem Innenhof. Möbel, Porzellan, Gemälde und etwas angestaubte Tapisserien.
Sala de Cultura Sa Nostra: Carrer de Santa Clara 9, Mo–Fr 10–12, 18.30/19–20.30/21 Uhr
In der liebevoll restaurierten Kirche Sant Josep organisiert die Kulturabteilung der Sparkasse Sa Nostra Ausstellungen, Vorträge und Diavorführungen.

Die am südlichen Stadtrand gelegene **Platja Gran** ist beliebter Badeplatz der Einheimi-

schen. Idyllisch ist auch die **Platja de Sa Farola** beim Leuchtturm auf der Nordseite des Hafens. Weitere Strände erreicht man mit dem Bus ab Plaça dels Pins.

Sport Massanet: Marina 66, Tel. 971 48 21 86, www.menorcaboats.com
Bootsverleih und Tauchschule, Tauchausflüge und -ausrüstung, Boote und Yachten mit und ohne Skipper.
Bootsausflüge: Jeden Vormittag um 10 Uhr verlassen verschiedene Ausflugsboote den Hafen zu ganztägigen Fahrten mit Mittags- und Badepause an die West- und Südküste. Im Hochsommer ist Voranmeldung empfehlenswert.

Pedreres de s'Hostal (B3): tgl. 9.30–13.30, 17 Uhr bis Sonnenuntergang
Durch die 1994 ins Leben gerufene Vereinigung Líthica wurde dieser alte Steinbruch am Stadtrand zu einem Freilichtmuseum umgestaltet: Schwindel erregend steile

und enge Treppchen führen in die Brüche hinab, wo der Stein Lage für Lage herausgesägt worden ist. Heute finden dort auch Konzerte und Feste statt.

Naveta des Tudons (B3): 3 km vor den Toren der Stadt liegt die prähistorische Begräbnisstätte, die die Form eines kieloben liegenden Schiffes aus Stein aufweist und zu den ältesten Bauwerken Spaniens gehört. Der späte Nachmittag ist die schönste Zeit für einen Besuch (Extra-Tour 1).

Sant Joan de Missa (B4): Kleine weiße Einsiedelei, südlich von Ciutadella auf dem Weg zu den Naturstränden Cala en Turqueta und Cala Macarella. Während der Johanniswoche ist die weiß gekalkte

Landkirche Ziel einer Reiterprozession.

Oficina de Turisme, Plaça Catedral, Tel. 972 38 26 93, Fax 971 38 26 67, Mo–Fr 9–13.30, 17–19, im Hochsommer 18–20 Uhr, Sa 9–13 Uhr

Alfons III: Camí de Maó 68, Tel. 971 38 01 50, Fax 971 48 15 29, www.supersonik .com/hotel/alfonso, moderat
Kleines 1-Stern-Hotel mit Café, Zimmer mit TV, Heizung, Telefon; die ruhigsten nach hinten.

Geminis: Josepa Rossinyol 4, Tel. 971 38 46 44, Fax 971 38 36 83, moderat
Zentral und ruhig gelegenes Hotel mit 30 Zimmern, freundliche Besitzer, familiäre Atmosphäre, Pool und Sonnenterrasse.

Patricia: Passeig Sant Nicolás 90, Tel. 971 38 55 11, Fax 971 48 11 20, E-Mail: hotel@hesperia -patricia.com, moderat/teuer
Angenehmes Stadt- und Businesshotel in ruhiger Allee oberhalb des Hafens. 44 Zimmer, 4 Junior-Suiten mit Terrasse. Offener Pool im Innenhof.

Sant Ignasi: Crta. Cala Morell, Tel. 971 38 55 75, Fax 971 48 05 37, www.santignasi.com, teuer/ Luxus
Am Stadtrand gelegenes traumhaftes Landhotel mit stilvollen Zimmern, herrlichem Garten und Gourmetrestaurant.

Triton: Port de Ciutadella, Tel. 971 38 00 02, günstig
Starker Kaffee, kühle Drinks und leckere Tapas zu anständigen Preisen. Viele Einheimische, im Hochsommer immer brechend voll.

Oristano: Av. Francesc de B. Moll 1b, Tel. 971 38 41 97, nur abends, günstig/moderat

Cafè des Museu

Manolo kennt sich aus mit Antiquitäten, immerhin hat er jahrelang auf dem Rastro in Madrid, dem berühmtesten Flohmarkt Spaniens, gearbeitet. In einer handtuchschmalen Seitengasse eröffnete er im April 2001 ein gemütliches Café, das in der Zukunft Teil eines Museums sein soll. Schon jetzt sind unzählige Schmuckstücke vergangener Zeiten und eine beeindruckende Fossiliensammlung zu besichtigen. Carreró d'es Palau 4, Tel. 971 38 06 76

Rostrotes Haus mit hübschen Speisesälen und Terrasse. Ofenfrische Pizza und menorquinische Spezialitäten.

La Guitarra: Carrer Dolors 1, Tel. 971 38 13 55, So geschl., moderat

Gemütliches Kellergewölbe, wo auch die Angestellten der Stadtverwaltung gerne Ente *(pato)* nach Art des Hauses oder Auberginenauflauf *(tumbet)* essen.

Ca's Ferrer: Carrer Portal de sa Font 16, Tel. 971 48 07 84, Mo geschl., im Hochsommer nur abends, teuer

Hübsche Speiseräume und idyllischer Innenhof, eingerichtet in einer alten Schmiede aus dem Jahre 1756. Einfallsreiche Küche, aufmerksame Bedienung.

Casa Manolo: Marina 117–121, Tel. 971 38 00 03, Luxus

Unter den weißen Blüten der Kapernsträucher, die von der alten Hafenmauer malerisch herunterwuchern, speist man beste Meeresspezialitäten mit Blick auf die Luxusyachten, die dicht gedrängt am Kai liegen.

Idó: Carrer del Santíssim 5

Traumhaft schöne, sündhaft teure Kleider, origineller Schmuck von bekannten Designern.

Miramelindo: Sa Muradeta 14

Fröhliche Sommer- und Strandkleidung, Tücher und Accessoires.

Patricia: Carrer del Seminari 40

Sportliche Markenschuhe und schicke Lederjacken aus eigener Herstellung.

Safir: Carrer des Seminari 38

Atelier für kunstvolles Geschmeide aus Gold und Silber.

Pla de Sant Joan: am Hafenbecken (im Sommer die Partymeile von Ciutadella). Dazu gehören **Asere** (kubanische Bar

Da kommt der Feinschmecker ins Schwärmen: Roberto Vega zeigt seinen Thunfisch-Fang

mit Live-Musik), **Jazzbah** (Musikbar mit sporadischen Jazz-Live-Auftritten) und **Lateral** (Disco mit Terrasse unter freiem Himmel).

Unger Madison: Sant Joan Baptista 8

Bistro-Bar in der Altstadt. Musikliebhaber Miguel und Tom bereiten Tapas, Salate, kleine Gerichte, backen Vollkornbrot und lassen Do abends kubanische Salsagruppen oder spanische Gitarristen aufspielen.

Café Internet: Plaça des Pins 37, Mo–Sa 9–24 Uhr, So 15–24 Uhr

Cafè des Museu: siehe Kasten!

Um den 23./24. Juni: Festa de Sant Joan, S. 15

Sommerfestival: Die Top-Adresse für klassische Sommerkonzerte ist der Orangenhof des Priesterseminars, im Juli und August (meist

Ob's wohl ein Kunstwerk wird? Szene auf dem Plaça de la Catedral in Ciutadella

Mo abends) treten dort hochkarätige Künstler und weltbekannte Orchester auf.

🔄 **Rote Busse:** Abfahrt Carrer de Barcelona, 6 x tgl. nach Maó

Gelbe Busse: Abfahrt Plaça dels Pins: alle 30–60 Min. nach Sa Caleta, Santandria, Cala Blanca und Cala en Bosc im Süden sowie Cala en Blanes, Cala en Forcat, Los Delfines, Cales Piques im Norden

Fahrrad- und Motorradverleih: Bicicletas Tolo, Carrer Sant Isidre 28–34, Tel. 971 38 15 76

Es Canutells

Lage: G 7

Bevor die weitläufige Hotel- und Apartmentanlage Mar de Menorca im oberen Teil der Küstensiedlung gebaut wurde, war Es Canutells ein abgeschiedener Platz der Einheimischen, die noch immer den Sommer in ihren Bootshäusern verbringen. Einige Stufen führen hinunter an die von hohen Felsen umschlossene Sandbucht, wo Fischkutter ankern, kleine Boote auf dem Sand liegen und Enten im Schilf schnattern.

Caparot de Forma (G7): In den Felsen unterhalb der schneeweißen Feriensiedlung Ses Tanques verbergen sich prähistorische Wohnhöhlen.

Canutells: Platja Canutells s/n, Tel. 971 18 89 34, moderat

Auf der Terrasse oberhalb des Strandes lässt es sich zu jeder Tageszeit gut aushalten, vor allem, wenn Wirt Pedro kühles Bier und allerlei Meeresgetier auftischt.

Es Castell

Lage: J–K 6
Einwohner: ca. 6000
Extra-Tour 2

Die erste Siedlung entstand unter dem Namen s'Arraval Vella im Schatten des Castell de Sant Felip, der Festung, die seit dem 16. Jh. die Hafeneinfahrt von Maó schützte. Nachdem die Briten Anfang des 18. Jh. die Festung vergrößert hatten, musste die Stadt ihren Standort wechseln, nannte sich nun s'Arraval Nova und erstreckte sich vom heutigen Friedhof bis zu den Ufern des Hafens. Im Schutze der Häuser griffen die Franzosen 1756 die Festung an, weshalb der britische Gouverneur 1771 eine erneute Verlegung der Stadt befahl. Rund um die Buchten Cala Corp und Cales Fonts wurden rechtwinklige Straßenzüge angelegt, und im Mittelpunkt entstand der Exerzierplatz mit vier Militärkasernen. Die neue Garnisonsstadt nannte sich zu Ehren des britischen Königs Georgetown, die Spanier tauften sie später in Villacarlos um, und die Menorquiner sagen seit jeher schlicht und einfach Es Castell (›die Festung‹). Auf allen Straßenschildern reitet der furchtlose Drachentöter St. Georg, Symbol der Stadt, die meisten Häuser haben noch heute englische Vertikalschiebefenster, und waschechte britische Pubs findet man an jeder Straßenecke. Traditionell eine Stadt der Seeleute und Zuwanderer, ist Es Castell kein Schmuckstück, aber die urige Hafenbucht Cales Fonts mit ihren Fischerbooten, Bars und Restaurants lockt in lauen Sommernächten zahlreiche Gäste zum Mondschein-Dinner an die autofreie Promenade.

Nostra Senyora del Rosari: Die der Rosenkranzmutter geweihte Pfarrkirche wurde 1797 vollendet und 1990 restauriert. Das schlichte Portal führt in den von einem Tonnengewölbe bedeckten Kirchenraum. Sehenswert sind die Altaraufsätze und Heiligenfiguren der Seitenkapellen. Das Taufbecken stammt aus dem ehemaligen Castell de Sant Felip.

Museu Militar: Plaça s'Esplanada, Mo und Do sowie erster So im Monat 11–13 Uhr

Das in einer alten Kaserne untergebrachte Militärmuseum bietet eine umfangreiche Sammlung über die militärische Vergangenheit Menorcas. In 15 Sälen erfährt man Einzelheiten über die Stadtgeschichte, die Bedeutung des Hafens und über die Verteidigungsanlagen der Insel. Gezeigt werden Land- und Seepläne, Modelle von Schiffen, Festungen und Wachttürmen, Reproduktionen von historischen Gemälden, Fahnen, Kanonen und anderes Kriegsmaterial. Ein 10-minütiger Videofilm (auch in deutscher Sprache) gibt einen Überblick über die Militärgeschichte der Insel.

Museu de ses Barques: Pedrera de Robadones, nur So 10–13 Uhr Schifffahrtsmuseum, eingerichtet in einem unterirdischen Steinbruch oberhalb der Cala Figuera auf halbem Weg zwischen Es Castell und Maó. Rund 70 Boote und Werkzeug der Fischer, Bücher, Bilder und Informationsmaterial.

Cala Pedrera (K6): Nur 5–10 Min. von Es Castell, zwischen den neuen Siedlungen Santa Anna und Sol del Est, liegt die Cala Pedrera, der einzige öffentliche Sandstrand innerhalb des Hafens von Maó.

Fort Marlborough: siehe Kasten!

Hostal Horizonte: Plaça Horizonte, Son Vilar (Es Castell), Tel. 971 36 29 22, günstig
Ruhig gelegene 1-Sterne-Pension mit rot gestrichener Fassade, einfache Zimmer, Café. 15 Min. Fußweg nach Maó oder Es Castell.

Agamenón: Agamenón 16, Tel. 971 36 21 50, Fax 971 36 21 54, teuer
Renoviertes 4-Sterne-Hotel am westlichen Ortsrand. 75 Zimmer, alle mit kleiner Terrasse und Hafenblick, leider etwas hellhörig. Konferenzräume, Bar und Restaurant, Schwimmbad und Garten.

Bar España: Victori 48, Tel. 971 36 32 99, günstig
Das Mittagsmenü lockt Bauarbeiter, Hausfrauen, Fischer und Fremde in den lebhaften Speisesaal, dessen Atmosphäre an ein Bahnhofsrestaurant erinnert. Auch abends zivile Preise.

Can Delio: Moll de Cales Fonts 38, Tel. 971 35 17 11, moderat
Fischbratküche von Luïsa und Angel, freundliche Bedienung, schöner Ausblick, günstiges Tagesmenü, am Sonntag mit Paella als Vorspeise.

Miramar: Moll de Cales Fonts 15, Tel. 971 36 46 43, moderat
Ausgefallene Tapa-Spezialitäten vom feinen Stockfischsalat *(Ensalada de Bacalao)* bis zu köstlichen Baby-Tintenfischen in karamellisierter Zwiebeltunke *(Pulpitos con cebolla),* dazu der beste Sonnenplatz der Bucht.

In den ehemaligen Fischerhöhlen von **Cales Fonts** öffnen im Sommer schicke Bou-

---

Fort Marlborough

In der Cala Sant Esteve, knapp 3 km von Es Castell, bauten die Briten zwischen 1716 und 1726 das Fort Marlborough. 1782 wurde es von den Spaniern abgerissen und während der dritten englischen Herrschaft (1798–1802) nach den Plänen des Militärbaumeisters Robert d'Arcy neu aufgebaut. Heute birgt die halb unterirdische Anlage ein hypermodernes Museum mit Licht- und Soundshow. Etwa 45 Min. dauert die Reise in die Welt des 18. Jh., bei der weder Kanonendonner noch Karten spielende Soldaten fehlen (Di–So 10–13, Di–Sa 17–20 Uhr).

tiquen mit Kunst, Modeschmuck und ausgefallenen Klamotten.
Estudio de Pintura: Werkstatt und Galerie, Stuart 23
In einem alten Stadthaus sind die phantasievollen Bilder von Heidi O'Koenig zu bewundern.

 Es Cau: in Cala Corb
Barbesitzer Gabriel singt gerne romantische Lieder, 365 Tage im Jahr, jeden Abend ab 23 Uhr. Seine Stammgäste sind fast täglich dabei, Mitsingen ist hier ausdrücklich erwünscht, erst dann kommt richtig Stimmung in die alte Fischerhöhle.
No es un capricho de Agosto: Sant Ignasi 11
Piano- und Cocktailbar im Kellergewölbe, Live-Auftritte mit Klavierbegleitung.

Bus: alle 30 Min. nach Maó

Fischerbucht Cales Fonts in Es Castell: Hier treffen sich abends die Nachtschwärmer

Es Grau

Lage: J 5
Extra-Tour 5

Am Rande der malerischen Bucht, knapp 10 km von Maó entfernt, bauten die Hauptstädter zu Beginn des 20. Jh. ihre bescheidenen Sommerhäuschen. Viele der einfachen Feriendomizile sind noch in den Straßen s'Arribada und Pescadors zu sehen. Am Ortseingang führt eine Holzbrücke über den Kanal, der eine Verbindung zwischen Meer und Lagune bildet. Dahinter erstrecken sich die feinsandige Bucht, ein Dünengebiet mit Kiefernwäldchen und die Moorzone s'Albufera des Grau, die durch verschiedene Wanderwege erschlossen ist.

Illa d'en Colom (J4): Das Ausflugsboot ›Arc de Sant Martí‹ mit Plätzen für 25 Passagiere fährt von Mitte Mai bis Ende Okt. 3–4 x tgl. zur Insel Illa d'en Colom. Tickets vor der Bar Can Andrés (Carrer de s'Arribada, Tel. 971 35 98 67).

Bar Es Grau: Plaça de Mestre Jaume 13, günstig
Gemütliche Kaffeebar mit Tischen und Stühlen unter schattigen Tamarisken. Nur belegte Brote, keine warmen Gerichte.
Bar Es Moll: Moll d'es Magatzems, günstig
Ganz versteckt im hintersten Winkel der Küstensiedlung, dort, wo sich die Bootsgaragen der Einheimischen aneinander reihen und die Boote in der Cala Tap auf dem

Dann fahren wir übers Meer: Kayaks an der Playa von Es Grau

Kies liegen. Tapas und gegrillte Sardinen.

Tamarindos: Pas d'es Tamarells 14, Tel. 971 35 94 20, moderat/teuer

Ein Logenplatz direkt am Meer, dazu eine Paella nach Seemannsart *(Paella a la marinera)* oder Seezunge mit Mandelsauce *(Lenguado con salsa de almendras).*

🟠 Es Mercadal

Lage: F 4
Einwohner: ca. 3000

Am Fuße des höchsten Berges liegt diese im 14. Jh. gegründete Ortschaft, die sich rund um die Pfarrkirche Sant Martí gruppiert. Es Mercadal ist noch heute eine bäuerliche Gemeinde, deren Einwohner recht zahlreich in der Landwirtschaft tätig sind. Das Ortsbild wird von weiß gekalkten ein- bis zweistöckigen Häusern mit grünen Türen und Fensterläden geprägt. Zahlreiche Speziali-

tätenrestaurants, kleine Boutiquen und viel dörfliche Atmosphäre machen einen Besuch lohnenswert. An der Landstraße erhebt sich die alte Getreidemühle, die als Wahrzeichen der Stadt gilt und in der heute ein rustikales Speiselokal eingerichtet ist.

👁️ **Sant Martí:** Die blendend weiße Pfarrkirche mit dem blumengeschmückten Vorplatz steht auf dem Kirchhügel Sa Muntanyeta. Das Gotteshaus, dessen Ursprünge auf die vormals an dieser Stelle gebaute Kapelle San Narciso zurückgehen, ist nur zu den Gottesdiensten geöffnet (So 9.30, tgl. 20.30 Uhr).

Aljub: Die öffentliche Zisterne, die 1733 von dem britischen Gouverneur Richard Kane in Auftrag gegeben wurde, sollte die Wasserversorgung der Dorfbewohner und der englischen Truppen auf halber Strecke zwischen Maó und Ciutadella sicherstellen. Der Wasserspeicher mit seiner großen Terrasse, auf der das Regenwasser aufgefangen wird, hat ein Fassungsvermögen von 273 500 Litern.

Sa Farinera d'Aranjí: siehe Kasten!

Hostal Jeni: Mirada del Toro 81, Tel. 971 37 50 59, Fax 971 37 51 14, E-Mail: info@hostaljeni.com, günstig/moderat
Am Fuße des Monte Toro gelegenes Hotel mit familiärer Atmosphäre. 36 modernisierte Zimmer, Pool, Restaurant.

Can Aguedet: Lepant 23, Tel. 971 37 53 91, moderat
Familienbetrieb mit Schweinezucht und Weinberg. Traditionelle Menorca-Küche und viele Gerichte aus dem hausinternen Rezeptbuch: mit Krabben gefüllte Auberginen *(Albergínies amb gambes)*, Kaninchengerichte oder butterweicher Spanferkelbraten *(Porcella)*.
Molí des Recó: An der Inselhauptstraße, Tel. 971 37 53 92, moderat
Rustikale Speisesäle in der alten Getreidemühle. Deftige Hausmannskost, viele Gemüsegerichte (gefüllte Zwiebeln, menorquinische Tomatensuppe ›Oliaigo‹ oder der kräftige Kohleintopf ›Sopes mallorquines‹).
Can Olga: Pont Na Macarrana, Carrer des Sol, Tel. 971 37 54 59, wechselnde Ruhetage, moderat/teuer
Unter einem Torbogen – den für Es Mercadal typischen Ponts – versteckt sich ein Lokal mit kleinen weiß gekalkten Speisesälen und lauschigem Garten. Einfallsreiche Mittelmeerküche, stilvoll präsentiert.

Encants: Carrer Major 11
Kleiner Laden mit hübschen Geschenkartikeln in der Fußgängergasse, die zum Rathaus führt.
Espai Biel Mercadal: Carrer d'Enmig 2
Stardesigner Biel Mercadal offeriert T-Shirts, Fächer, Keramik und Schmuck aus eigener Produktion.
Galeria del Sol: Via Ronda 28
Bilder menorquinischer Künstler, Keramik von Ricardo Madriolas. Prints, Poster und Postkarten.
Madona: Carrer d'Enmig 30
Bertas Boutique mit romantischen Kleidern ist in einem ehemaligen Kuhstall untergebracht.
Tabaco: Carrer d'Enmig 4
Ein schönes Keramikbild mit dem Stadtwappen schmückt den Ein-

Sa Farinera d'Aranjí

Der beeindruckende Gebäudekomplex der alten Mehlfabrik, die von 1905 bis 1998 in Betrieb war, wurde 1999 restauriert und birgt heute ein Museum, in dem die alten Maschinen, Werkzeuge, Körbe, Säcke, Waagen und Gewichte ausgestellt sind (tgl. 10–20/22 Uhr). Daneben gibt es noch ein Einkaufszentrum mit Buch- und Weinhandlung und menorquinischer Kulinaria sowie ein empfehlenswertes Restaurant mit leckeren Inselspezialitäten.
Es Mercedal, 1 km außerhalb Richt. Maó, Tel. 971 15 43 08/09

Ländliche Küche serviert in alter Mühle: Molí des Recó, Es Mercadal

gang zu diesem Tabakladen, der die größte Zigarrenauswahl der Insel besitzt.

Bar Es Gurugú: Plaça del Pare Camps 13
Postmodern eingerichtete Bar mit blauen Barhockern; der Treffpunkt in lauen Sommernächten.

Pferdemesse: erstes Wochenende im Mai
Patronatsfeiern: drittes Juliwochenende

Bushaltestelle: Avinguda del Mestre Garí, 6 x tgl. nach Maó oder Ciutadella, 1 x tgl. nach Fornells

Es Migjorn Gran

Lage: E 5
Einwohner: ca. 1200

Die auf einem Kalksteinplateau gelegene Ortschaft ist von Hü-geln, Schluchten und kleinen Gemüsegärten umgeben. Es handelt sich um die kleinste Gemeinde der Insel, die viel von ihrem beschaulichen Leben und bäuerlichen Gepräge bewahrt hat. Von der Inselhauptstraße erreicht man das Dorf auf wald- und kurvenreichen Landstraßen, die zu den schönsten Verkehrswegen der Insel zählen. Im Ortszentrum locken stille Gassen, die kleine Pfarrkirche, die englische Kunstgalerie und empfehlenswerte Restaurants.

Església de Sant Cristofòl:
Die Pfarrkirche wurde in der zweiten Hälfte des 18. Jh. gebaut und dem hl. Christopher geweiht. Seine Figur schmückt sowohl das schlichte Portal als auch den Kirchenraum in Form einer fast 2 m hohen Lindenholzfigur.

Talaiot de Binicodrell (E5):
Nahe dem Friedhof, nur 5 Min. vom Zentrum entfernt gelegener Talaiot, dessen Besonder-

heit die auf die Spitze führende Rampe ist.

Cova d'en Colom (E5): Aufgrund ihrer Größe wird die in der Schlucht von Binigaus gelegene Höhle (hinter dem Friedhof, ca. 30 Min.) die ›Kathedrale‹ genannt.

Ca na Pilar: Crta. Migjorn-Mercadal 1, Tel. 971 37 02 12, Mi geschl., moderat
Bei Pilar werden exquisite Köstlichkeiten in stilvoll gestalteten Speisesälen oder im winzigen Garten unter der dicken Dattelpalme serviert.

58 S'Engolidor: Major 3, Tel. 971 37 01 94, nur abends, Mo geschl., moderat
Alteingesessenes Speiselokal mit gemütlichem Interieur und romantischem Garten, menorquinische Gerichte. Reservieren!

Galeria Graham Byfield: Sant Llorenç 12, Tel. 971 37 03 64, Mo–Sa 10–13 Uhr
Wasserfarben sind die Spezialität des britischen Künstlers. In seiner Galerie, untergebracht in einer alten Bäckerei, kann man Originale, Prints und Postkarten kaufen.

Bus: 2–4 tgl. nach Maó und Ciutadella, 3–4 tgl. nach Sant Tomàs

Ferreries

Lage: E 4
Einwohner: ca. 4200
Extra-Tour 4

Die auf den ersten Blick wenig einladende Ortschaft mit den modernen Wohnhäusern und dem Industriegebiet, in dem Möbel- und Schuhfabriken angesiedelt sind, bietet im Altstadtkern malerische Winkel, blumengeschmückte Gassen und Steige. An den grünen Hängen der Umgebung haben die Einwohner kunstvolle Terrassengärten angelegt, auf denen Obst und Gemüse gedeihen. Samstag ist der schönste Tag in Ferreries, wenn die Bauern der Umgebung auf dem Marktplatz Feldfrüchte, ofenfrisches Brot, hausgemachten Kuchen, Marmelade und menorquinischen Honig feilbieten.

Sant Bartomeu: An der Plaça Jaume II. erhebt sich die 1770 vollendete Pfarrkirche. Im Innern sind besonders die Allerheiligenkapelle und der Retaule de la Pau (›Friedensretabel‹) sehenswert, eine beeindruckende Malerei, die an Ereignisse des spanischen Bürgerkriegs erinnert.

Museu de Natura: Carrer Mallorca 2, Tel. 971 37 45 05, Di–So 10–13, 18–21 Uhr, Okt.–April Sa 10–13, Di–Sa 18–21 Uhr
Die temporären Ausstellungen des Naturmuseums befassen sich jedes Jahr mit einem bestimmten Thema (Dünen und Seegras im Jahr 2000, Wasserreserven und Feuchtgebiete im Jahr 2001).

S'Ermita (E4): Auf der anderen Seite des ausgetrockneten Flussbettes führt ein 20-minütiger Weg auf den Hausberg **Son Granot** mit einer Kapelle, die dem unbefleckten Herzen Marias geweiht ist. Ein herrlicher Ausblick auf das Dorf und die umliegende Hügellandschaft belohnt für den steilen Aufstieg.

Finca de Binissues (D3): Der honiggelbe Gutshof der Familie Salort, der 4 km von Ferreries stolz

Alter Adel verpflichtet: Gutshof Binissues, heute ein Museum

zwischen grünen Hügeln hervorschaut, steht Besuchern seit 1994 als Museumsfinca offen, obwohl auf den umliegenden Feldern weiterhin Ackerbau und Viehzucht betrieben werden. Die prunkvollen Räumlichkeiten sowie die ausgestellten Handwerks- und Feldgeräte in den Stallungen bieten einen Einblick in die Welt des menorquinischen Landadels. Ein Café-Restaurant mit großer Aussichtsterrasse lädt zur Einkehr.

Loar: Reverend P. Huguet 1, Tel. 971 37 41 81, Fax 971 37 38 88, günstig/moderat Modernes Apartmenthotel im Ortszentrum, Studios und Wohnungen für 2–4 Pers., ausgezeichnetes Restaurant.

Liorna: Carrer de Dalt 9, Tel. 971 37 39 12, nur abends, Di geschl., moderat

Im Altstadtkern verstecktes Haus mit begrüntem Innenhof. Wechselnde Kunstausstellungen, leichte Mittelmeerküche.
Mesón El Gallo: Carretera a Cala Galdana, Tel. 971 37 30 39, Mo geschl., moderat
Außerhalb gelegener Landgasthof mit großem schattigen Garten. Kaninchengerichte, Kalbsfilet mit Mahón-Käsesauce und als Dessert ›Postre de la Abuela‹ nach geheimem Rezept der Großmutter.

Jeden Sa Vormittag **Bauernmarkt** mit kulinarischen Produkten und Kunsthandwerk auf der Plaça Espanya. Juni–Sept. mit Folkloregruppe (Musik und Tanz).
Maria Janer: Font 24
Schöne Geschenkideen, ausgewähltes Kunsthandwerk und Material für Handarbeiten.
Hort de Sant Patrici: Camí de Ruma, km 1
Käserei mit Museum, Kulinaria-Laden und schöne Gartenanlagen, s. Extra-Tour 4, S. 92.

23.–24. August: Patronatsfeiern zu Ehren des hl. Bartholomäus mit Reitern, Jahrmarkt, Musik und Feuerwerk.

Bus: 6 x tägl. nach Ciutadella oder Maó, 9 x tägl. nach Cala Galdana

Fornells

Lage: G 2
Einwohner: ca. 700
Extra-Tour 3

Die malerische Fischersiedlung, die im 17. Jh. im Schatten der Festung von Sant Antoni entstand, lockt mit guten Fischrestaurants, weiß gekalkten Wohnhäusern, einem von Palmen umgebenen Schutzhafen und der großen Bucht, die ein Paradies für Wassersportler ist. Im Hafen ankern traditionelle Llaüts, mit denen die Einheimischen von April bis Ende August auf Langustenfang gehen und jedes Jahr mehr als 3500 kg der heiß begehrten Schalentiere an Land bringen. Im Hochsommer sind die zahlreichen Fischlokale immer gut besucht und die Bevölkerungszahl verzehnfacht sich, wenn viele Festlandspanier in Fornells Arbeit finden oder ihr Ferienhäuschen beziehen.

Esglèsia de Sant Antoni: Die kleine Pfarrkirche aus dem Jahre 1790 ist dem hl. Antonius geweiht, der als Schutzheiliger der Tiere als steinerne Figur mit seinem Schwein oberhalb des Portals steht. Im Kirchenraum findet man eine Muttergottes und ein Bildnis des Schutzpatrons. Die rechte Seitenkapelle ist mit Malereien des katalanischen Malers Josep Serra Llimona ausgeschmückt.

Castell de Sant Antoni: Von der ehemaligen Festung, die 1625 begonnen wurde und zwischen 1671 und 1782 die Hafeneinfahrt von Fornells schützte, sind nur noch Ruinen erhalten, denn sie wurde 1782 auf Veranlassung von Carlos III. geschleift.

Ermita de Lourdes: Hoch über dem Meer wird in einer Felsgrotte die weiße Heiligenfigur der Jungfrau von Lourdes verehrt. Die kleine Einsiedelei ist immer mit frischen Blumen geschmückt.

Aula de la Mar: Das blaue Häuschen am Ortseingang birgt eine Ausstellung über die Flora und Fauna des Meeres. Auf Schautafeln und in Aquarien werden Meeresbewohner und ihr Habitat vorgestellt. Das Meeresmuseum steht allen Besuchern offen, war jedoch in erster Linie für menorquinische Schulkinder gedacht. Die Begleittexte sind deshalb nur in katalanischer Sprache. Nur Sa 10–14 Uhr.

Torre de Fornells: siehe Kasten!

 Katayak: Passeig Marítim 69, Tel. 600 39 05 89 Kajaks für 2 Erwachsene und 1 Kind, ideal zur Erkundung der kleinen Strände auf der anderen Seite der Bucht. Man vermietet auch Fahrräder.

Tauchen

Diving Center Fornells: Passeig Marítim 44B, Tel./Fax 971 37 64 31, www.divingfornells.com

Menorca Diving Club: Ortseingang, Tel. 900 21 00 98 www.menorcadivingclub.com, E-Mail menorcabuceo@jet.es Beide Schulen bieten Padi-Kurse und täglich Ausfahrten zum Meeresreservat rund um das Cap de Cavalleria an.

Wassersport

Windsurf Fornells: am Orts-

Torre de Fornells

Im Jahr 2000 eröffnetes Museum im alten englischen Wachtturm über dem Ort. Zu sehen gibt es dort eine lohnende Ausstellung über das Verteidigungssystem der Insel. Tel. 686 38 23 59, Di–Sa 11–14, 18–21, So 11–14 Uhr

eingang, Büro: Carrer Nou 33, Tel. 971 18 81 50, www.excellence.es/fornells/index. html, E-Mail: ramon@bitel.es Windsurf- und Segelschule, auch Wasserski.

 Ses Salines (F/G2): 1 km von Fornells, südlich der kleinen Häusergruppe von Ses Salines, in der sich eine Windsurfschule und ein Restaurant befinden, liegen die Becken ehemaliger Salzgärten.

Illa de ses Sargantanes (G2): Auf dieser in der Mitte der Bucht gelegenen Privatinsel, die nur mit dem eigenen Boot erreichbar ist, lebt eine endemische Eidechsenart. Am Nordrand erhebt sich ein alter englischer Verteidigungsturm mit Schutzwall und Kanonenplatz.

 Hostal Fornells: Carrer Major 17, Tel. 971 37 66 76, Fax 971 37 66 88, www.4bytes.com/hfornells E-Mail fornells@chi.es, günstig bis teuer

Kleine Hotelanlage mit Pool und Restaurant im Innenhof. 20 hübsche Zimmer teils mit Balkon und Meerblick, Klimaanlage, TV. Fahrradverleih und alle Wassersportaktivitäten im Hotel buchbar.

La Palma: Plaça s'Algaret 3, Tel. 971 37 64 87, Fax 971 37 66 34, moderat

Familiäres Hostal mit Garten und Pool. Im angeschlossenen Café treffen sich auch die Einheimischen gern zu einem Schwätzchen.

S'Algaret: Plaça s'Algaret 7, Tel. 971 37 65 52, günstig

Jeden Mittag wird auf der Empore hinter großen Fensterfronten mit Blick auf den Hafen ein preiswertes Tagesmenü serviert.

Es Cranc: Escoles 31, Tel. 971 37 64 42, Mi geschl., Luxus

›Der Krebs‹ heißt dieses ganz versteckt gelegene Lokal, das bei Einheimischen als Geheimtipp gilt. Sogar die Gardinen haben Krebsmuster, und auf der Karte findet man die ganze Palette von Meeresfrüchten, Schalentieren und Fischtöpfen.

Es Pla: Passatge Es Pla, Tel. 971 37 66 65, Luxus

Direkt am Meer pflegt König Juan Carlos seine Langustensuppe zu löffeln, die Preise sind entsprechend königlich.

Es Port: Gumersindo Riera, 5 (Passeig Maritim), Tel. 971 37 64 03, teuer

Bunte Keramikteller dekorieren die Wände des Speisesaals, aber auch auf der kleinen Terrasse draußen wird Langusten-Caldereta oder Fischtopf serviert.

 Blanc i Verd: Carrer Gelabert 7

Geschenkartikel, Keramik, Strandkleidung und Taschen.

Na Polida: Major 31

Von menorquinischen Designern entworfene T-Shirts und Sommerkleidung.

Hier bummelt die Prominenz: Hafenpromenade von Fornells

Sa Coveta: Major 45 Antiquitäten und hübsche Kleinigkeiten.

 Um den 16. Juli: Carmen-Bootsprozession.
Letztes Wochenende im Juli: Patronatsfeiern.
Ende Juli–Ende August: Klassische Sommerkonzerte.

 Bus: 2 x tgl. Maó, 1 x tgl. Son Parc, 1 x tgl. Cala Tirant

Llucmaçanes

Lage: J 6

Kehrt man dem Industriegebiet von Maó und den neuen Wohnblöcken am Stadtrand den Rücken, erreicht man in wenigen Minuten auf enger, gewundener Landstraße den kleinen Weiler Llucmaçanes, der seinen weltabgeschiedenen Charakter erhalten konnte, obwohl er nur einen Steinwurf vom Flughafen und der quirligen Hauptstadt entfernt liegt. An der engen Zufahrtsstraße passiert man stolze Landhäuser, alte Bauernhöfe, auf deren Weiden Milchkühe und Esel grasen, aber auch mit Kalksteinblöcken gebaute, futuristisch gestaltete Feriendomizile. Den Ortsmittelpunkt bildet die kleine Pfarrkirche Sant Gaietà. Auf dem Kirchplatz findet jedes Jahr am ersten August-Wochenende die animierte Patronatsfeier statt, bei der auch viele Besucher aus Maó dabei sind. An der Landstraße Richtung Sant Lluís passiert man den 1985 gegründeten Cricket Club, ein beliebter Treff der englischen Residenten.

 Llucmaçanes Gran: Es Pla de Sant Gaietà 10, Tel. 971 35 21 17, moderat Bauernhof mit Viehhaltung und Ackerbau, gleich neben der Kirche, 3 einfache Fremdenzimmer mit Gemeinschaftsbad und -küche, Aufenthaltsraum, windgeschützte Terrasse, Garten und Pool.

 De Nit: Camí na Ferranda 3, Tel. 971 36 30 30, nur abends, Di geschl., teuer

300 Jahre altes Bauernhaus mit gemütlichen Speisezimmern (auch Nichtraucherraum), lauschigem Garten, Kaminfeuer für stürmische Herbsttage. Die englischen Besitzer Alison und Nick servieren überbackenen Camembert, Ente mit Portwein und Preiselbeeren, vegetarische Gerichte und asiatische Spezialitäten.

Sa Vinya: Camí de baix de Llucmaçanes 47, Tel. 971 36 93 82, nur abends, So geschl., teuer

Heller Speisesaal mit nur acht Tischen, Blick auf den Gemüsegarten mit Erdbeerbeeten und Tomatenstauden. Kleine Karte mit frischer Marktküche, katalanische und menorquinische Spezialitäten.

Maó (Mahón)

Lage: J 6
Einwohner: ca. 24 000
Extra-Tour 2

Gemäß der Legende soll der Karthager Magon, ein Bruder des berühmten Feldherrn Hannibal, die Stadt Maó gegründet haben. Geschichtlich belegt ist die Niederlassung der Römer, die sich der Bedeutung des Hafens Portus Magonis bewusst waren. Dennoch wurde Maó erst 1721 von den Briten zur Inselhauptstadt gemacht. Englische Bauelemente und katalanischer Jugendstil mischen sich im Stadtzentrum zu einer charmanten Mixtur mit schmiedeeisernen Balkonen, Buntglasscheiben, blank polierten Türklopfern, grün gestrichenen Fensterläden und roten Hausfassaden. Auch Prachtexemplare der typisch englischen Bow-windows (Erkerfenster) kann man an einigen Stadthäusern bewundern. Zahlreiche Aussichtspunkte hängen wie Balkone an der Steilküste und geben den Blick frei auf das innere Hafenbecken, dessen Kais durch eine breite Freitreppe mit der Altstadt verbunden sind. Das Stadtzentrum ist ein Shopping-Paradies, die Hafenpromenade die Flaniermeile der Mahonesen.

Teatre Principal: Das altehrwürdige Theater und Opernhaus aus dem Jahre 1829, wurde umfangreich renoviert und 2001 mit der Verdi-Oper Falstaff der Öffentlichkeit präsentiert. Der menorquinische Bildhauer Matiés Quetglas schuf für die Neueröffnung die grazile Bronzefigur Thalia, die vor der Eingangshalle steht.

Església de Santa Maria: Von der Plaça de s'Esplanada kommend, läuft man immer bergab Richtung Hafen und kommt unweigerlich auf die Hauptkirche Santa Maria zu, die aus dem 18. Jh. stammt und berühmt ist für ihre Orgel, ein Prachtinstrument mit mehr als 3000 Pfeifen. Zwischen Juni und Okt. finden jeden Vormittag um 11 Uhr (außer So) halbstündige Orgelkonzerte statt.

Claustre del Carme: Neben der gleichnamigen Kirche aus dem 18. Jh. befindet sich der Kreuzgang des ehemaligen Karmeliterklosters. In den alten Klosterzellen haben sich Schlachtereien, Gemüsehändler, Käseläden, aber auch Schmuck- und Keramikgeschäfte, Schuh- und Kurzwarenläden sowie ein Schönheitssalon eingerichtet. Mit der Rolltreppe gelangt man ins Untergeschoss, zum Supermarkt und zur Parkgarage. Im Obergeschoss gibt es Ausstellungssäle, eine Bibliothek und das

Privatmuseum Hernández Mora (Mo–Sa 10–13 Uhr) mit einer sehenswerten Land- und Seekartensammlung.

Església de Sant Francesc: Die Franziskanerkirche aus dem 18. Jh. beeindruckt durch das große Rundbogenportal und den hohen einschiffigen Kirchenraum. Hübsch ist die seitlich angebaute, im Barockstil gestaltete Kapelle der Unbefleckten Empfängnis.

Església de Sant Antoni: Das sakrale Innere dieser kleinen Kirche, die von der Sparkasse Sa Nostra gekauft und restauriert wurde, bildet den Rahmen für Ausstellungen, Dichterlesungen und Konzerte.

Pont de Sant Roc: Das letzte erhaltene Stadttor war Teil der Mauern, die Maó vor Piratenüberfällen schützen sollten.

Galería Artara: Rosari 18, Mo–Sa 11–13, Mo–Fr 18–20.30 Uhr
Ständig wechselnde Ausstellungen gewähren Einblicke in das vielfältige künstlerische Schaffen der Inselmaler.

Museu de Menorca: Claustre de Sant Francesc, Di–Sa 10–14, 17–20 Uhr, So 10–14 Uhr
Neben der Kirche Sant Francesc sind rund um den alten Klosterhof Fundstücke aus prähistorischen Ausgrabungsstätten ausgestellt, darunter der Bronzestier aus Torralba. Zudem werden gezeigt Keramik aus verschiedenen Kulturkreisen des Mittelmeers, Malerei, Landkarten der Insel sowie Handwerkszeug der menorquinischen Kleinindustrie. Im Kreuzgang finden im Hochsommer klassische Konzerte statt.

Trepucó (J6): Der Straße Cós de Gràcia folgend, erreicht man den am Stadtrand gelegenen Friedhof, dessen Kirche zahlreiche Votivgaben von aus Seenot geretteten Matrosen und das Bildnis der Madonna Verge de Gràcia birgt. 1 km weiter südlich erreicht man die prähistorische Siedlung von Trepucó mit dem größten Talaiot Menorcas und einer 5 m hohen Taula, die 1930 von Margaret Murray freigelegt wurde.

Talatí de Dalt (H6): Auf der Hauptstraße Richtung Ciutadella zweigt 500 m hinter dem Flughafenabzweig ein schmaler Fahrweg (Hinweisschild) zu einer der schönsten prähistorischen Stätten Menorcas ab. Berühmt ist die Taula mit dem angelehnten Menhir. Am Zufahrtsweg befindet sich das Atelier des menorquinischen Malers Francisco Sans Huguet.

Cala Llonga (K6): Auf der Nordseite des Hafens von Maó. Ein kleines rotes Haus mit der rostroten Fassade und der blumengeschmückten Terrasse, das über der Tür den Namen Vallirana trägt, erinnert an die Zeit, als rund um den Hafen nur ein paar dieser bescheidenen Sommerhäuschen standen. Heute gehört die Cala Llonga zu den teuersten Residenzvierteln der Insel. Wie in einem Amphitheater gruppieren sich die Luxusvillen rund um die lang gestreckte Bucht, die Häuser in Ufernähe besitzen ihre eigenen Bootsstege, an denen schmucke Yachten vertäut sind. Die Cala Llonga ist Refugium von englischen Millionären und spanischen Filmstars, Politikern, Ärzten und Anwälten. Doch Hotels, Geschäfte, Bars oder Restaurants fehlen.

Cala Porquer: Kurz vor Cala Llonga zweigt rechts ein schmaler Fahrweg mit dem Hinweis ›Sa Punta d'en Gallerut‹ ab. An der Landspitze führt rechts ein schmaler Pfad zur Cala Porquer, wo sich der **Cementerio Angloamericano** verbirgt. Dort haben im 19. Jh. rund 30 amerikanische Seeleute ihre letzte Ruhe gefunden. Auffallend ist das von einem schwarzen Eisengitter umgebene Grab mit dem schwarzen Grabstein aus Marmor, unter dem der deutsche Kapitän Leutnant von Bunsen, der 1890 an Bord der SMS Kaiser starb, seine letzte Ruhe fand. Bunsen war ein enger Freund von Kai-

Stimmung, Tapas und mehr: Ars Café in der Altstadt von Maó

ser Wilhelm II., der bei einer seiner Mittelmeerreisen in Maó Station machte, um am Grab seines Freundes einen Blumenstrauß niederzulegen.

 Oficina de Turismo: Rovellada de Dalt 24, Tel. 971 36 37 90, Fax 971 36 74 15, E-Mail: infomenorcamao@cime.es.

Orsi: Infanta 19, Tel. 971 36 47 51, günstig
Einfache Pension für anspruchslose Gäste, zentrale Lage, nur wenige Schritte vom Obst- und Gemüsemarkt.
Jume: Concepció 6, Tel. 971 36 32 66, moderat
Kleines Hostal hinter der Carmen-Kirche, auch bei Geschäftsreisenden beliebt.
Sol Mirador des Port: Vilanova 1, Tel. 971 36 00 16, Fax 971 36 73 46, moderat/teuer
Modernes, hübsch gestaltetes Stadthotel mit schönem Ausblick auf das Hafenbecken hinter der Kirche Sant Francesc.

Port Mahón: Av. Fort de l'Eau 13, Tel. 971 36 26 00, Fax 971 35 10 50, E-Mail portmahon @sethotels.com, moderat/Luxus
In ruhiger Wohngegend oberhalb des Spielcasinos gelegenes Traditionshotel. 73 Zimmer, zum Teil mit Balkon, und 9 Suiten mit Terrasse und herrlichem Hafenblick. Restaurants, Piano-Bar, Café, Pool und Sonnenterrasse.

Ars Café: Plaça del Princep 12 B, günstig
Mehr als 100 Jahre altes Kaffeehaus, in dem man stundenlang in Magazinen blättern, mit Freunden plaudern oder eine Zwischenmahlzeit bestellen kann.
El Viejo Almacén: Moll de Llevant 75, Tel. 971 36 89 52, moderat
In-Treff am Hafen, dekoriert wie ein Schiffsausrüster: Tapa-Theke, kleine Gerichte, große Weinauswahl.
La Sirena: Moll de Llevant 199, Tel. 971 35 07 40, moderat
Vera und Walther Graab sind

Ernährungsprofis und auf Voll-wert-Küche spezialisiert: gesunde Kost, ausgefallene Rezepte und Wein aus biologischem Anbau.

Marès: siehe Kasten, S. 64

Marivent: Moll de Llevant, 314, Tel. 971 36 98 01, So geschl., teuer

Hübscher Speisesaal und blumen-umrankte Terrasse mit Hafenblick. Fisch, Meeresfrüchte und ein her-vorragendes Menü.

Varadero: Moll de Llevant 306, Tel. 971 35 20 74, Luxus

Edelrestaurant mit prominenten Speisegästen direkt am Hafenkai. Reis- und Nudelpfannen, Fisch und Vorspeisen, z. B. *Carpaccio de Bacalao* (Stockfisch-Carpaccio), sind ein Augen- und Gaumen-schmaus.

 Der **Markt** am Dienstag und Samstag auf der Plaça s'Es-planada ist ein Touristenmagnet.

Argos: Costa d'en Deià 4

Bildergalerie, in der hübsche Rah-men gefertigt und ausgefallene Aquarelle, Drucke und Postkarten verkauft werden.

El Turronero: Carrer Nou 22

Seit 1894 Eis, Kuchen, Süßigkei-ten, Kulinaria auch als Mitbringsel.

Gin Xoriguer: Moll de Ponent 91, Tel. 971 36 21 97

In der Probierstube der Gin-Fabrik am Hafen stehen beim Blick auf dampfende Kupferkessel und Säcke mit Wacholderbeeren kleine Gläser zum Kosten und schöne Flaschen zum Verkauf bereit.

Lora Buzón: Moll de Ponent 10

Hübsche Keramik aus eigener Werkstatt.

Otros Mundos: Moll de Llevant 315

Kleine Boutique; ausgefallene Ko-lonialmöbel, Geschenkartikel, De-korationsgegenstände.

Sirena Mod-Ad: Moll de Llevant 189

Selbst entworfene, weit geschnit-tene Kleider, in Marokko herge-stellt.

Akelarre: Moll de Ponent 41–43

Dance und Jazz Club, oft Live-Auf-tritte.

Baixamar: Moll de Ponent 17

Flaniermeile mit Flair: den ›sundowner‹ genießen beim Yacht Club im Hafen von Maó

Gemütliche Café-Bar, zu jeder Stunde gut besucht.

Internet-Café Webera: Església 1b, Mo–Fr 10–14, 16.30–21.30, Sa 17–21.30 Uhr

Latitud 40, Moll de Llevant 265 Schicke Musikbar für schicke Leute, gleich neben dem Spielcasino.

Nashville, Moll de Llevant 143–147

Bier- und Musiklokal unter deutscher Leitung, Tex-Mex-Küche, Country-Live-Musik.

... außerhalb:

Collingwood House: Crta. Maó – Es Castell, oberhalb Cala Fonduco, Hotel des Almirante.

Die Residenz des Seeadmirals Collingwood, heute als Hotel bei Briten beliebt, ist sehr schön mit Antiquitäten, alten Seekarten und Gemälden ausgestattet. In der Bar kann man einen Drink nehmen und die Atmosphäre genießen.

Rote Busse: Richtung Ciutadella 6 x tgl., alle 30 Min. nach Sant Lluís, Es Castell, mehrmals tgl. zu allen Südstränden.

Blaue Busse: nach Arenal, Son Parc, Fornells und Platges de Fornells 1–3 tgl.

Busstation: Plaça de s'Esplanada

Motos Menorca: Moll de Llevant 35 (Hafen), Tel. 971 35 47 86. Vermietung von Motorrädern, Mopeds, Fahrrädern.

Monte Toro

Lage: F 4

Als hätte ein Riese einen großen Felsbrocken verloren, erhebt sich der Monte Toro, Menorcas höchster Berg, inmitten der von sanft gewellten Hügeln geprägten Insel-

mitte. Gut 3 km sind es auf der einzigen Serpentinenstraße von Es Mercadal bis auf 357 m Höhe. Dort umschließt das schneeweiß getünchte und liebevoll gepflegte ehemalige Augustinerkloster die Marienkapelle, in der eine dunkelhäutige Madonna verehrt wird. Die Verge del Toro (›Jungfrau des Stiers‹) ist Menorcas Schutzheilige und heißt so, weil ein Stier die Heiligenfigur gehütet und Mönchen das Versteck gezeigt haben soll. Von den Aussichtsterrassen rund um das Heiligtum genießt man einen Habichtsblick über die ganze Insel, und an besonders klaren Tagen tauchen am Horizont die hohen Berge der Nachbarinsel Mallorca auf.

Sa Posada del Toro: Tel. 971 37 51 74, nur mittags, günstig

Miguel Angel wirbelt hinter Kochtöpfen, Bep und Toni an der Kaffeemaschine, und im Speisesaal wird ein ausgezeichnetes Mittagsmenü serviert, das sich auch Menorquiner gerne schmecken lassen.

Na Macaret

Lage: H 3

Am Rande der Cala Molí gruppieren sich hübsche private Ferienvillen, viele davon mit eigenen Bootsstegen, an denen Llaüts (menorquinische Küstenboote) vertäut sind. Rund um den kleinen Badestrand, der von drei Palmen überschattet wird, spielt sich besonders im Hochsommer das Leben der Einheimischen ab, wenn der malerische Küstenort den Insulanern als Sommerresidenz dient. Dann sitzen sie mit Kind und Kegel vor ihren Bootsgaragen und lassen die heißen Tage ins Land gehen. Hinter dem Sandplatz laden verschiedene Speiselokale zur Einkehr.

Café Llaud: Carrer des Moll 313, günstig
Besonders an heißen Sommertagen ein schattiger Platz mit herrlichem Ausblick auf die Küstenlandschaft. Kaffee, Drinks und Snacks.
Acuario: Sa Plaça, Tel. 971 35 98 58, moderat
Vom Entenfilet *(Pato)* bis zum Wolfsbarsch im Salzmantel *(Lubina a la sal)*, aber auch kleine Gerichte wie ›Patatas bravas‹ (Kartoffeln mit scharfer Sauce).

Platges de Fornells

Lage: F 2

Ein vom Wind gebeugter wilder Olivenbaum begrüßt den Besucher am Eingang der geschmackvoll gestalteten Feriensiedlung. Rechts staffeln sich Ferien- und Privathäuser am Hang. Links zieht sich die kleine Schlucht mit den gepflegten Kakteengärten und einem Ententeich zum Meer hinunter. Die einzelnen Häusergruppen sind von herrlichen Gartenanlagen umgeben. In der Ferne weist der Leuchtturm auf dem Cap de Cavalleria den Schiffen den Weg. 1981 lief das unter Panamaflagge fahrende Frachtschiff ›Benil‹ bei stürmischer See auf ein Riff, der Reeder überließ ihrem Schicksal, das Wrack konnte nie geborgen werden und ragt noch immer wenige Meter vom Ufer entfernt aus dem

Wasser. Der weite Sandstrand und der 1974 an den Westrand der Sandfläche gebaute Ferienkomplex sind unter dem Namen ›Cala Tirant‹ bekannt. Hinter dem Strand erstreckt sich ein kleines Feuchtgebiet, das Vögeln und Wassertieren als Refugium dient.

Cafè del Nord: Zona Comercial 5, Tel. 971 37 66 97, moderat/teuer
Schön gestaltetes Lokal mit Blick auf Strand und Feuchtgebiet. Paella, Meeresgetier und ausgefallene Desserts wie Käseeis mit Kamillesauce. Preiswertes Mittags- und Abendmenü.

Punta Prima

Lage: J 8

Das Meer rund um Punta Prima ist ein Paradies für Unterwassersportler, auch mit Flossen und Schnorchel kann man an felsigen Ufern vielen Meeresbewohnern begegnen. In den letzten Jahren hat sich Punta Prima zum Treffpunkt für Surfer entwickelt, die auch im Winter mit ihren Brettern auf den Wellen reiten. Am schneeweißen, feinsandigen Strand gibt es Liegen, Sonnenschirme und Tretboote. Am Rande der Sandfläche stehen noch die alten Bootsgaragen der Einheimischen und bescheidene Sommerhäuschen aus den Ursprungstagen. Erst auf den zweiten Blick entdeckt man das 1999 eingeweihte 1100-Betten-Apartmenthotel ›Insotel Punta Prima‹. Vor dem Mammutkomplex plant das Fremdenverkehrs-Ministerium eine neue Seepromenade von Punta Prima nach Alcalfar anzulegen. Westlich des Strandes bilden

Felsterrassen Aussichtspunkte zur Leuchtturminsel Illa de l'Aire. Der alte Wachtturm aus dem 18. Jh. oben auf dem Hügel birgt seit einigen Jahren eine Jugendherberge.

Wenn am Strand in Punta Prima die Sonne untergeht ...

Biniancolla: Als Kontrast zu den Hotelkästen rund um Punta Prima ist die Bucht von Biniancolla mit ihrem kleinen Schutzhafen, Booten und weißen Häusern ein idyllischer Platz an der felsigen Südostküste. Es gibt hier keinen Sandstrand, doch führen schmale Pfade und Stufen zu netten Badeplätzen. In der Umgebung stehen weiße Bootshäuser und luxuriöse Ferienvillen.

Plätze für **Tennis**, **Volleyball** und **Minigolf** findet man im Hotel Pueblo, dazu eine **Tauchschule:** Tel. 971 15 90 70 und 609 35 13 47, www.tauchen-punta-prima-menorca.de, E-Mail rasbobdi@infotelecom.es. Unter Leitung des Deutschen Dieter Raskob; Schnorchel- und Tauchkurse sowie Pooltauchschein für Kinder.

Xaloc Playa: Platja de Punta Prima, Tel. 971 15 91 20, Tel. Fax 971 15 91 65, E-Mail hotel.xaloc@nexo.es, moderat
Von schattigen Pinienwäldchen umgebenes Strandhotel mit 133 Zimmern, gemütlicher Aufenthaltsraum, Pool mit Kinderbecken, Garten, Tischtennis, Billard, Fahrradverleih.

Sebastian Place: Tel. 971 15 90 68, moderat
Direkt am Strand gelegenes Lokal mit großer Terrasse unter dem Schilfdach. Drinks, Snacks, Salate, Fischgerichte. Abends manchmal Live-Musik.

Son Ganxo: Son Ganxo 77, Tel. 971 15 90 75, So abends geschl., moderat
Direkt am Meer gelegenes Lokal mit hübschem Interieur, Terrasse und Pool. Ob Spinat auf katalanische Art, California-Salat, Curry-Geschnetzeltes à la Marrakesch – Küchenchef Norbert kocht einfallsreich, mal deutsch, mal international.

... in Biniancolla
Adrian: Cala Biniancolla 31, Tel. 971 15 90 53, Mo–Fr mittags geschl., moderat
Nettes Lokal mit hellem Speiseraum und kleiner Terrasse, seit 1972 in Familienbesitz. Spezialitäten sind *Calamar a la menorquina* (Tintenfisch) oder hausgemachte *Pilotes* (Hackfleischbällchen).
En Caragol: Marina de Torret, Tel. 629 16 50 89, moderat

Große Auswahl und ein hübsches Lächeln – da kehrt man gerne ein!

Die Restaurantterrasse vor dem alten Bootshäuschen ist ein Logenplatz für das ewige Schauspiel von Meer und Möwen, Sonne und Wolken. Antonio und José servieren frischen Fisch und ausgesuchte Weine. Highlights auf der Karte: Salat mit gratiniertem Ziegenkäse oder Schwertfisch in roter Paprikasauce.

Bus: 9 x tgl. nach Maó.
Mini-Tren: Mit dem *Binibèquer Express* auf der Küstenstraße nach Binibèquer.

S'Algar

Lage: K 7

Der Menorquiner Gabino Sintes Pons gilt als Gründer der gepflegten Feriensiedlung, die vor gut 30 Jahren am Südostzipfel der Insel entstanden ist. Seine Büste steht im Innenhof des Hotels S'Algar. Der Küstenort ist ideal für sportlich aktive Gäste, alle Unterkünfte sind ruhig gelegen und von Gartenanlagen umgeben. Am Meer findet man einen künstlichen Ministrand, eine geschmackvoll gestaltete Poollandschaft und die Seepromenade mit schönem Blick auf den Leuchtturm der vorgelagerten Felsinsel Illa del Aire.

Wandervorschläge enthält ein Büchlein, das man im Hotel S'Algar verkauft.

Caló des Rafalet (K7): Von der Hotelanlage Las Palmeras im oberen Teil der Feriensiedlung schlängelt sich ein Pfad hinunter in die Schlucht des Rafalet, in der sich ein zauberhaftes Steineichenwäldchen und eine winzige Badebucht verstecken.

Cala d'Alcalfar (K7): Auf dem Küstenpfad oder im Landesinneren, vorbei an verwilderten Gemüsegärten, erreicht man in 15 Min. die stille Sommersiedlung am Rand einer lang gestreckten Bucht (s. S. 34).

Wassersport
S'Algar Diving: Passeig Marítim, Tel. 971 15 06 01, www.salgardiving.com Tauchschule, Bootsverleih, Wasserski, Crazy Banana, Parascending.

Tennis: 4 Kunstrasen-Plätze mit Flutlicht.

S'Algar: Tel. 971 15 17 00, Fax 971 15 01 06, moderat Zweistöckiger Flachbau im menorquinischen Stil direkt am Meer mit tropischem Innengarten, 106 Zimmer mit Balkon oder Terrasse. Ruhiges Publikum.

Top-Adressen für Feinschmecker sind die beiden Restaurants (à la carte) der Hotels **S'Algar** (Tel. 971 15 17 00) und **Las Palmeras** (Tel. 971 15 06 03).

Why not? am Ortseingang neben dem Hotel San Luís

Kleine Disco- und Karaoke-Bar, in der sich die Gäste aus den verschiedenen Hotels zum späten Drink treffen.

S'Algar Expres: der Minizug fährt kostenlos durch die gesamte Siedlung.

Bus: 6 x tgl. nach Maó. Kostenloser Zubringerbus zum Strand von Punta Prima, 5 x tgl.

Sa Mesquida

Lage: J/K 5
Extra-Tour 3

Nur knapp 5 km nördlich von Maó liegt der aus rund 70 Sommerhäusern bestehende kleine Küstenort. Der etwa 800 m lange, helle Sandstrand der gleichnamigen Bucht ist ein beliebter Badeplatz für die Hauptstädter. Eine Brücke verbindet den Ortseingang mit der Felsinsel S'Illot, auf der eine Hand voll weiße Häuser auf schwarzen Felsen thront. Im mittleren Teil der Bucht mündet ein kleiner Wildbach, und auf einer Felsnase über dem Sandstrand erhebt sich der englische Wachtturm aus dem Jahr 1799, der heute Teil eines Privathauses ist. Am östlichen Strandabschnitt finden hüllenlose Schwimmer geschützte Nischen, in der Niederung hinter der Sandfläche bilden sich im Winter kleine Wassertümpel, die während der sommerlichen Trockenzeit verschwinden.

Cala es Murtar (K6): Die abgeschiedene Bucht mit Bootsgaragen und Sommerhäuschen liegt nur wenige Minuten von Sa Mesquida entfernt. Dicht zusammengeschmiegt stehen die weiß getünchten Häuser am Hang über dem Meer, unten am Wasser reihen sie sich wie auf einer Perlenschnur rund um die Kieselsteinbucht, die mit getrocknetem Seegras bedeckt ist und rund 30 Llaüts Schutz bietet. Am Rande der Bucht erleichtern Leitern, Steinplatten und ein Sprungbrett das Badevergnügen.

 Bar Sa Mesquida: Carrer d'en Fonso 2, Tel. 971 18 83 54, moderat/teuer
Bewohner der Sommersiedlung, Stammgäste aus Maó – Bar und kleiner Speisesaal sind immer gut besucht. Die Wirtin kocht Hausmannskost, darunter auch mallorquinische Gerichte.
Cap Roig: Tel. 971 18 83 83, Mo geschl., moderat/teuer
In bester Lage und mit toller Aussicht hoch über dem Meer, mit großen Fensterfronten und Terrasse. Paella, Reistopf *(arròs caldòs)*, Nudelpfanne *(Fideuà)*, Fisch und Meeresfrüchte.

Sa Caleta / Santandria

Lage: A 4

Der britische Verteidigungsturm Es Castellar schützt den Eingang zu einer lang gestreckten Bucht, deren Arme an den malerischen Stränden von Cala Santandria und Sa Caleta enden. Die winzige Bucht Sa Caleta ist mit feinem, schneeweißem Sand ausstaffiert und von hübschen Häuschen aus dem frühen 20. Jh. umgeben. Auch wenn weiter im Landesinneren Großhotels mit Nonstopp-Animationsprogramm entstanden sind, hat der idyllische Badeplatz

nichts von seinem alten Charme eingebüßt. Nördlich von Sa Caleta sind in den letzten Jahren palastartige Ferienhäuser neureicher Menorquiner entstanden. Die malerische Cala Santandria wird von in den Fels geschlagenen Höhlen umgeben, die einst von den Ureinwohnern als Begräbnisstätten und heute von den Einheimischen als Wochenenddomizile genutzt werden. Rund um den Sandstrand findet man verschiedene Hotels und Einkehrmöglichkeiten.

 Museu Cova Sa Nacra: siehe Kasten

 Tauchschule Poseidon im Hotel Bahia, eigenes Boot mit täglichen Ausfahrten u. a. zum Top-Spot Pont d'en Gil, wo sich eine der schönsten Tropfsteinhöhlen der menorquinischen Unterwasserwelt befindet.

Bahia: Cala Santandria, Tel. 971 38 26 44, Fax 971 48 27 04, www.bahia-poseidon .de, E-Mail info@bahia-poseidon .de, moderat
Einer der ersten Unterkunftsbetriebe der Insel, der mit weißer Fassade und grünen Fenstern perfekt in die Landschaft passt und bis heute den Charme eines typischen Strandhotels bewahrt hat. 15 geräumige Zimmer, Nr. 4 und 5 mit großer Terrasse über dem Meer. Hübsches Restaurant mit herrlichem Ausblick.
Prinshotel Sa Caleta: Cala Santandría, Tel. 971 38 58 03, Fax 971 38 60 89, teuer/Luxus
Weitläufige, gepflegte Anlage mit 245 Zimmern in 3 Wohngebäuden, großer Pool, Kinderspielplatz, vielseitiges Animationsprogramm, Tennis und Volleyballplatz. Schöner Speisesaal.

Sa Nacra: Cala Santandria, Tel. 971 38 62 06, moderat
Mit Skulpturen ausgestattete Höhle als Speisesaal, Terrasse direkt am Meer. Im Scheinwerferlicht tummeln sich Schwärme von armdicken Fischen. Auf der Speisekarte findet man dagegen eher internationales Einerlei, und die Musik könnte ruhig ein wenig dezenter sein.

Sa Quadra: Cala Santandria, Tel. 971 48 09 59, moderat
Hinter dem Strand unter schattigen Kiefern mit hübschem Ziehbrunnen und plätschernden Wasserkanälen, teilweise in einer Natursteinhöhle eingerichtet. Tagesmenü, internationale Küche und menorquinische Spezialitäten, z. B. *Medallones de Cerdo con Ciruelas y Orejones* (Schweinsmedaillons mit getrockneten Pflaumen und Aprikosen).

Mateu's: an der Landstraße zwischen Ciutadella und Cala Blanca (Ecke Carrer des Pardal)
Eigenwillig geschmücktes Privathaus mit skurilem Skulpturengarten, dessen Besitzer Mateu manchmal die Pforten zu einer gemütlichen Bar öffnet. Sind die Türen verschlossen, ist allein der Blick in den Garten ein Augenschmaus.

Bus: 12 x tgl. nach Ciutadella.

Santa Àgueda

Lage: D–E 3

Der im Gemeindegebiet von Ferreries gelegene Burgberg Santa Àgueda ist mit 264 m die dritt-höchste Erhebung der Insel. Auf der Bergspitze sind die Ruinen einer arabischen Festung erhalten. Ausgangspunkt für den etwa 40-minütigen Aufstieg sind die verlassenen Schulgebäude neben dem Landgut Santa Cecilia an der Landstraße Ferreries – Els Alocs. Die Wanderung führt zum größten Teil über einen mittelalterlichen gepflasterten Stufenweg. Das Castell de Santa Àgueda war zwischen dem 11. und 14. Jh. Wohnschloss und Festung der maurischen Wesire und diente dem letzten arabischen Herrscher Abu Umar während der christlichen Rückeroberung (1287) als Zufluchtsort. Die Ruinen gehören heute zu den wenigen architektonischen Überresten aus arabischer Zeit. Die herrlichen Ausblicke über die fruchtbaren Kulturlandschaften der Inselmitte und die zerklüftete Nordküste entschädigen für den schweißtreibenden Aufstieg.

Museu Cova Sa Nacra

Die ehemalige Wohnhöhle eines deutsch-menorquinischen Ehepaares kann gegen eine geringe Eintrittsgebühr besichtigt werden. Wohn- und Schlafzimmer, Bad, Kinderzimmer und Küche – alles wie in einer richtigen Wohnung – sind mit Bildern, Skulpturen und Fundstücken des Künstlerpaars geschmückt. Cala Santandria, tgl. 10–13 Uhr

Sant Climent

Lage: H 6

Zwischen Flughafen und der Feriensiedlung Cala en Porter gruppiert sich diese kleine Wohnsiedlung zu beiden Seiten der Durchgangsstraße. Den Ortsmittelpunkt bilden der Kirchplatz und das Casino, in dem sich Besucher zu jeder Stunde leckere Tapas schmecken lassen. Die beiden englischen Pubs ›The Three Horseshoes‹ und ›Coach and Horses‹ weisen auf die vielen englischen Bewohner des Gemeindegebiets hin.

Es Fornàs de Torelló (H6): Der auf Privatgrund stehende Talaiot de Torelló ist einer der rätselhaften Türme der Ureinwohner, dessen Besonderheit die fensterartige Öffnung im oberen Teil ist. In den Siedlungsresten im gegenüberliegenden Feld wurde ein Hort römischer Münzen gefunden. Nach 10 Min. Fußweg erreicht man die durch ein Gitter geschützte frühchristliche Basilika von Es Fornàs de Torelló, die auf das 6. Jh. zurückgeht.

Casino San Clemente: Sant Jaume 4, Tel. 971 15 34 18, Mi geschl., günstig Freundliche Kellner, leckere Tapas, aber auch Tellergerichte – im Casino geben sich Einheimische und englische Residenten die Klinke in die Hand. Dienstag ab 21.30 Uhr spielt die Jazzband, Samstag kann man oft ein Tänzchen wagen.
Es Moli de Foc: Sant Llorenç 65, Tel. 971 15 32 22, So ganztägig und Mo mittags geschl., teuer/Luxus
Das in einem rostrot gestrichen alten Mühlengebäude untergebrachte Restaurant mit hübschem Interieur und Innenhof bietet einen schönen Rahmen für ausgefallene Spezialitäten.

Quesos San Clemente Bernardo Pons: Sant Llorenç 28, Tel. 971 15 30 61 Kleine Käserei mit Direktverkauf.

Bus: 6 x tgl. nach Maó und Cala en Porter (außer So)

Sant Lluís

Lage: J 7
Einwohner: ca. 4400

Der Ursprung dieser 3 km südlich von Maó gelegenen Ortschaft geht auf das 18. Jh. zurück, als die Franzosen, die 1756 Menorca von den Briten erobert hatten, einen Mittelpunkt für die verstreut liegenden Weiler und Landgüter schaffen wollten. Sie begannen den Bau einer großen Pfarrkirche, legten rechtwinklige Straßen an und errichteten die ersten Wohnhäuser. So entstand das Stadtgebiet rund um die Kirche und den alten Wehrhof Binifadet mit seinem quadratischen Wachtturm. Inselgouverneur und Stadtgründer Graf von Lannion leitete die Geschicke Menorcas bis zu seinem Tod im Jahre 1762. Ein Jahr später mussten die Franzosen die Insel erneut verlassen. Kurz darauf wurden die drei Windmühlen Molí de Dalt, Moli d'Enmig und Molí de Baix gebaut, deren Türme noch immer an den bäuerlichen Ursprung der Siedlung erinnern. Heute ist Sant Lluís eine angenehme, lichterfüllte Ortschaft mit blendend weißen Wohnhäusern, gepflegten Grün- und modernen Sportanlagen.

Wie viele Köpfe braucht ein Mensch? … Künstler Antonio Vico in seinem Atelier in Sant Lluis

Das **Kreuz** auf dem Pla de sa Creu erinnert an den französischen Inselgouverneur Graf Lannion. Gegenüber erhebt sich die **Pfarrkirche:** An der Fassade prangt noch heute das Wappen Frankreichs mit der Inschrift »Divo Ludovico Sacrium dedicavere gall« (›Dem hl. Ludwig weihen die Franzosen dieses Gotteshaus‹).

Molí de Dalt: Mo–Fr 10–13, 19–21, Sa 9–13 Uhr
Das ethnologische Museum in der 1762 erbauten Getreidemühle mit dem blau-weiß gestreiften Dach ist die Hauptattraktion der Ortschaft. Ausstellungsstücke sind Feld- und Handwerksgeräte, alte Fotos, die die Geschichte der Ortschaft dokumentieren, und alle Gerätschaften, die zum Getreidemahlen gehören.

Hipódrom Municipal: zwischen Sant Lluís und Maó
Jedes Wochenende Trabrennen (im Sommer Sa 17.30, im Winter So 11 Uhr).
Aeroclub: Das Flugfeld neben der Pferderennbahn wird nur von Privatmaschinen benutzt. Es können preiswerte Rundflüge über die Insel vereinbart werden.

Rund um Sant Lluís findet man in den winzigen Dörfern **Torret, s'Ullastrar, Consell** und **Pou Nou** schöne Beispiele für die traditionelle Architektur Menorcas und alte Wehrhöfe mit von Zinnen gekrönten Wachttürmen.
Binissafullet (J7): Richtung Binibèquer passiert man kurz hinter dem Weiler s'Ullastrar die kleine archäologische Stätte Binissafullet mit unter wilden Olivenbäumen stehender Taula und Talaiot.

Biniarroca Hotel Rural, Camí Vell, Tel. 971 15 00 59, Fax 971 15 12 50, www.biniarroca.com, E-Mail hotel@biniarroca.com, moderat/teuer
Von Bougainvilleen umschlungenes Landhaus aus dem 16. Jh. mit rauchblau gekacheltem Pool. 12 komfortable Zimmer und Suiten mit Antiquitäten und Originalbildern der englischen Malerin Lindsay Mullen geschmückt. Gestylte

Hotel Son Tretze

Am Ortsrand gelegenes Wohnhaus von 1720, von den freundlichen Besitzern in mühevoller Kleinarbeit restauriert und geschmackvoll eingerichtet. Acht geräumige Suiten, zum Teil mit Terrasse, sehr schön z.B. die zum Garten gelegene Junior-Suite Nr. 6. ›Menorca-Touren nach Maß‹ für deutschsprachige Sondergruppen aller Art möglich. Konferenzsaal bis 200 Personen, ideal für Kurse oder Veranstaltungen. Sant Lluis, Binifadet 20, Tel./Fax 971 15 09 43, www.amaca.com, teuer

Gartenanlage und Restaurant mit ausgezeichneter Küche.
Hotel Son Tretze: siehe Kasten

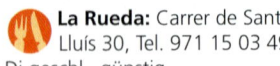

La Rueda: Carrer de Sant Lluís 30, Tel. 971 15 03 49 Di geschl., günstig
Beliebter Treffpunkt von Einheimischen, englischen Residenten und Feriengästen. Riesige Tapa-Auswahl von pikanten Hackfleischbällchen bis zum Fischsalat. Preiswert, unkompliziert und gut.

Letztes Augustwochenende: Patronatsfeiern mit Reitern, Kutschen, Konzerten, Tanz und Feuerwerk.

Bus: 13 x tgl. nach Maó, mehrere Verbindungen nach S'Algar, Punta Prima, Binibèquer

Sant Tomàs

Lage: E 5

Die ruhige, im Gemeindegebiet von Es Migjorn Gran gelegene Feriensiedlung erstreckt sich am Rande eines geraden Sandstrandes. Die meisten Hotels und Apartmentanlagen liegen direkt am Meer. In der Umgebung finden Spaziergänger zahlreiche Wandermöglichkeiten durch Wälder und Schluchten sowie einsame Badeplätze an den Stränden von Binigaus und Atàlitx.

Las Dunas: Freizeitkomplex mit 2 Tennisplätzen, Billardsaal, Minigolfplatz.

Hotel Lord Nelson: Tel. 971 37 01 25, Fax 971 37 01 26, moderat/teuer
3-Sterne-Hotel direkt am Strand, internationales Publikum.
Mestral & Llebeig: Platja de Sant Tomás H9, Tel. 971 37 03 70, Fax 971 37 03 46, E-Mail mestral@sethotels.com, moderat/teuer
Von Grünanlagen umgebener, weitläufiger Apartment- und Bungalowkomplex mit großzügig zugeschnittenen Wohnräumen.

Es Bruc: Tel. 971 37 04 88, moderat
Strandlokal am Westrand der Siedlung, oberhalb der Platja de Sant Adeodat. Die Küche bringt keine Glanzleistungen, aber der Platz ist den Besuch wert.

Victory Club: neben Hotel Lord Nelson
Täglich Shows, Live-Musik. Bis Mitternacht auch für Kinder zugänglich.

Bus: 2–3 x tgl. nach Maó oder Ciutadella, 4 x tgl. nach Es Migjorn Gran
Taxi: Tel. 971 36 71 11

Son Bou

Lage: F 6

Mit 3 km ist die Platja de Son Bou der längste Strand Menorcas. Er bietet Strandläufern genügend Auslauf, Sonnenanbetern verschwiegene Sandplätze zwischen niedrigen Dünen und Birdwatchern ein schilfbestandenes Moorgebiet, das hinter dem Strand die zweitgrößte Feuchtzone der Insel bildet. Wanderer können durch ein Kiefernwäldchen bis zum Strand von Sant Tomàs laufen. Am östlichen Strandabschnitt erheben sich die beiden Großhotels Milanos-Pingüinos, dahinter liegen die Reste einer antiken Basilika, und in den Felswänden entdeckt man zahlreiche Wohnhöhlen. Einkaufs- und Einkehrmöglichkeiten bieten die beiden Shopping-Zonen. Oberhalb der Feuchtzone schließen sich die ineinander übergehenden Feriensiedlungen **Sant Jaume del Mediterrani** und **Torre Soli** mit weitläufigen, von hübschen Gartenanlagen umgebenen Bungalowanlagen und am Hang gestaffelten Privatvillen an. Vom oberen Ortsteil nahe dem Hotel San Valentín genießt man einen herrlichen Ausblick auf den gesamten Küstenstrich.

Basilika de Son Bou: 1951 wurden die Reste der frühchristlichen Basilika de Son Bou (5.–6. Jh.) durch Zufall entdeckt. Wie alle frühchristlichen Gotteshäuser Menorcas liegt sie in Meeresnähe. Bei den Ausgrabungen wurden weder Altarreste noch Mosaiksteine gefunden, aber die Grundmauern waren so gut erhalten, dass man noch genau den architektonischen Grundriss mit drei Schiffen, Nartex, Sanktuarium und das aus einem Stein gehauene Taufbecken betrachten kann.

Club San Jaime: Urbanizació Sant Jaume, Tel. 971 37 27 87
Großer Pool, Aquapark mit Rutschen und das ›Labirint Amaze'n‹, ein aus Holzwänden zusammengesetztes 800 m² großes Labyrinth.
Tauchschule Sub Menorca: im Hotel Milanos, Tel. 971 38 78 34
Ausbildung und Ausfahrten unter deutscher Leitung.
Surf & Sail: im Hotel Milanos, Tel. 971 38 70 90, Mitte Juni–Mitte Sept.
Windsurf- und Segelkurse, Parasailing.

Sol Elite Milanos-Pingüinos: Platja de Son Bou, Tel. 971 37 12 00, Fax 971 37 12 26, E-Mail sol.elite.milanos .pinguinos@solmelia.es, moderat–Luxus
Hotelkomplex mit internationalem Publikum, direkt am Strand, großer Pool, vielseitiges Sport- und Animationsprogramm für alle Altersklassen.
Hotel Jardín de Menorca: Urb. Torre Solí Nou, Tel. 971 37 80 40, Fax 971 37 80 50, teuer/Luxus
Luxuriöses Apartmenthotel mit Hallenbad, Sauna, Fitness-Center, Squash, gepflegten Gartenanlagen und Pool. Im westlichen Teil der Feriensiedlung oberhalb des Feuchtgebietes.
Royal Son Bou: Platja de Son Bou, Tel. 971 37 23 58, Fax 971

37 82 81, www.royalsonbou
.com, E-Mail royalsb@infotelecom
.es, moderat–Luxus
Im Family Club dreht sich alles um
die kleinen Gäste. Die Apartments
haben Küche, Terrasse, TV, Telefon. Badespaß bieten der palmen-
umstandene Pool und der 150 m
entfernte feinsandige Strand.
San Valentín: Urb. Torre Solí
Nou, Tel. 971 37 26 02, Fax 971
37 23 75, moderat/Luxus
Gepflegte Hotel- und Apartmentanlage in ruhiger Lage im oberen
Teil der Siedlung, Zubringerbus
zum Strand, Tennis, Sauna, Fitness-Center, Hallenbad.
Camping Son Bou: Carretera
Sant Jaume km 3,5, Tel./Fax 971
37 26 05, www.campingson-
bou.com
Etwas im Landesinneren gelegener, schattiger Platz mit 70 000 m²
Wald- und Grünflächen. Pool,
Fahrradverleih, Restaurant, Super-
markt, Wäscherei, blitzsaubere
Sanitäranlagen. Vermietung von
Zelt-Bungalows und Holzhäuschen.

 **Casa Andrés:** Centre
Comercial Son Bou, Tel.
971 37 19 16, moderat
Von leichten Vorspeisen (mit
Thunfisch gefüllte Tomaten) bis
zur üppigen Fischplatte bietet das
Lokal Gerichte für jeden Geldbeu-
tel.
Opéra: Urbanizació Torre Solí
Nou, Tel. 971 37 21 40, nur Juni–
Ende Sept., moderat
Der offene Speisesaal ist wie eine
Bühne, wo man vor der Kulisse
einer Operninszenierung italieni-
sche Gerichte genießt und Opern-
arien lauscht.

Bou Hai: Centre Comercial
Son Bou
Unter dem schilfgedeckten Vor-

dach lässt man sich im bequemen
Korbsessel exotische Cocktails
schmecken.
Copacabana Disco Bar: Centre
Comercial Son Bou
Heiße Disco-Musik für lange Som-
mernächte mit Ausblick auf Ster-
nenhimmel und Meer.

Son Parc

Lage: G 3

Von der Nordstraße führt die kur-
venreiche Zufahrtsstraße an den
sanft gewellten Greens des Golf-
clubs vorbei und taucht dann in
die schattigen Kiefernwälder ein.
Die ruhige, waldreiche Feriensiedlung zieht sich nordwärts bis zum
Meer, wo sich die weite Bucht von
Arenal de Son Saura mit dem
schneeweißen Dünenstrand erstreckt. Geschäfte, Bars und Restaurants findet man küstenfern
am Ortseingang oder im Vial de
l'Arenal.

 Golf Club Son Parc, Tel.
971 18 88 75, www.
clubsonparc.com
Die Fans der Greens finden bei
Son Parc den kleinen Golfplatz der
Insel. Die 1977 eröffnete Anlage
bietet 9 Löcher (die bis 2003 aber
auf 18 Löcher erweitert werden
sollen), Unterricht für Einsteiger
und Fortgeschrittene, Übungs-
gelände, Putting Green, Mietbug-
gies, Bar- und Restaurantterrasse
mit Blick auf das Golfgelände.
Golfshop, 2 Tennisplätze. Start-
zeitreservierung empfehlenswert.
Hort de Llucaitx: Crta. Maó-For-
nells km 17
Mühsam haben Àgueda und Juan
das 100 ha große Landgut in
einen Freizeitpark mit vielseitigem

Beach Bar am Strand von Son Bou

Angebot für die ganze Familie verwandelt: Wanderwege, Gartenanlagen, Fahrradverleih, Reitmöglichkeiten (Ponys, Pferde, Esel), Kinderspielplatz, Minigolf, Restaurant, Picknickgelände mit Grillplätzen, Abendveranstaltungen

Unterkünfte in den Anlagen **Beach Club** (hoch über dem Sandstrand) und **Sol Park** (im schattigen Wald) können nur über Reiseveranstalter reserviert werden.

Captain Cook: am Ortseingang neben dem Supermarkt, Tel. 600 71 11 50, moderat
Restaurant am Waldrand mit Blick auf den Golfplatz. Ausgefallene Gerichte wie Wildschwein, Känguru- und Straußenfleisch, aber auch Pizzas und Paellas.
Sa Barraca de Carbonell: Crta. Maó – Fornells km 17, Tel. 971 37 15 79, Mo geschl., moderat/teuer
Am Rand der Nordstraße gelegene alte Köhlerklause, in der seit 30 Jahren im rustikalen Speisesaal oder unter schattigen Steineichen

Kaninchenbraten, Lammschulter oder Spanferkel serviert werden.

Tots Pub: am Ortseingang links neben dem Restaurant Captain Cook
Der Engländer Phil und seine menorquinische Frau Aleja sorgen für Drinks und Unterhaltung mit Billard, Live Musik und Wettbewerben. Englisches Bier und Bar-Snacks.

Son Xoriguer / Cala en Bosc

Lage: A 5

In den Hotel- und Apartmentanlagen rund um die beiden Sandbuchten Son Xoriguer und Cala en Bosc sowie am steinigen Cap de Artrutx beim Leuchtturm können mehr als 7000 Urlaubsgäste ihre Ferien verbringen. Es handelt sich um das größte Feriengebiet der Insel. Besonders bei deutschen Familien sind die kinderfreundlichen Anlagen mit den vielen Grün-

La Quinta Beach Hotel & Spa

2001 eröffnetes, exklusives 5-Sterne-Hotel mit 82 Zimmern. Die Beauty Farm mit Hallenbad, Sauna, türkischem Bad und Whirlpool lässt keine Wünsche offen. Spezialitätenrestaurant, Pianobar, 5000 m² Gartenfläche mit Pool. Avinguda Son Xoriguer, Tel. 971 05 50 00, Fax 971 05 50 01, www.laquintamenorca .com, Luxus.

flächen, den sanft ins Meer abfallenden Stränden und den vielseitigen Sport- und Freizeitangeboten sehr beliebt.

Lago de Cala en Bosc: Ursprünglich befand sich hinter der Sandbucht von Cala en Bosc ein Sumpfgebiet, dessen Wasserfläche zu einem Sportboothafen umgestaltet und durch einen künstlichen Kanal mit dem Meer verbunden wurde. Rund um den Lago (›See‹) gruppieren sich viele Lokale, die besonders abends gut besucht sind.

Aquapark: Wasserbecken mit Rutschen, kleine Eisenbahn, Minigolf.
Wassersport
P & F: am Lago, Tel. 610 26 12 91, Bootsverleih und Angelfahrten.
Surf & Sail: Wassersportzentrum am Strand von Son Xoriguer, Tel. 971 38 70 90.

Das ganze Programm an Funwassersport besonders für Anfänger. Windsurf, Wasserski, Parasailing, Bananaboat, Catamaran- und Jollen-Segeln.
Sub Menorca: Hotel Falcó, Son Xoriguer, Tel. 971 38 78 34. Tauchschule unter deutscher Leitung.
Reiten
Son Olivar Nou: Cala en Bosc – Ciutadella km 1; Reiterhof mit Kursen und Ausritten.
Wandern
Ein abwechslungsreicher Küstenpfad führt vom Strand Son Xoriguer in gut 1 Std. zum herrlichen Naturstrand von Son Saura.

Fahrradtouren: Ein Fahrradweg führt zu der etwa 10 km entfernt gelegenen Stadt Ciutadella und den Stränden der Westküste.
Bootsfahrten: Vom ›Lago‹ starten 1–2 x tgl. Küstenfahrten zu den schönsten Stränden der Südküste (Don Pancho, Tel. 619 08 14 45).
Wandern: Der Naturstrand von Son Saura ist von Son Xoriguer auf dem Küstenpfad in ca. 1 Std. erreichbar.

Club Ciudadela: Son Xoriguer, Tel. 971 38 71 05, Fax 971 38 70 81, E-Mail clubciudadela@gmx.net, moderat/teuer
Kleine Apartmentanlage mit blauweißen Häuschen, hübscher Garten und Pool, Mountainbike-Verleih.
Pueblo Menorquín: Urb. Son Xoriguer, Tel. 971 38 70 80, Fax 971 38 70 79, teuer/Luxus
Stilvolles 4-Sterne-Apart-Hotel mit 53 Wohneinheiten und gepflegten Gartenanlagen. Im englischen Kolonialstil gestaltetes Hauptge-

bäude mit Beauty- und Fitnessfarm (Hallenbad), Pianobar und Restaurant.
La Quinta Beach Hotel & Spa: siehe Kasten!

Ca n'Anglada: Lago 21, Tel. 971 38 14 02, Mo und Di mittag geschl., moderat
Junges menorquinisches Geschwisterpaar kocht mit viel Liebe kreative Mittelmeerküche.
Café Balear: Lago 16, Tel. 608 74 48 16, moderat
Eigenes Fischerboot sorgt für Fangfrisches aus dem Mittelmeer.

Bus: alle 30–60 Min. nach Ciutadella, Abfahrtsstellen an verschiedenen Punkten des Feriengebietes.
Mini Tren: Der Minizug fährt durch die ganze Siedlung.

Torret / Torret de Baix

Lage: J 7/8

Torret ist ein Dörfchen wie aus dem Bilderbuch: mit Mauern, die von rosa Bougainvillea überwuchert sind, lustigen Windrädern auf blendend weißen Dächern, blühenden Gärtchen und versteckten Restaurants. Am besten lässt man das Auto an der Einfahrt stehen und geht zu Fuß durch die schmale Hauptstraße. Hinter dem Wachtturm führt ein Weg Richtung Meer bis nach Torret de Baix, dem am Meer gelegenen Ortsteil, der sich terrassenförmig um die felsige Cala Torret gruppiert. Die Küstensiedlung, in der es Bars, Restaurants und sogar eine Apotheke gibt, ist auch mit dem Auto über Biniancolla erreichbar.

Cala Torret Diving Center: Tel. 971 18 85 28, Fax 971 15 15 02, www.divingtorret .com E-Mail torret@infotelecom .es
Tauchkurse in deutscher Sprache, Nacht- und Grottentauchen, Bootsverleih und Bootsausflüge zur Illa de l'Aire und zu verschiedenen Buchten an der Südostküste. Apartmentvermittlung.

Na Rosa: Plaça de sa Font, Cala Torret, Tel. 971 15 08 03, nur abends, Mo geschl., moderat
Rot-weiß ausgestattetes und mit Bildern von David Monrós dekoriertes Bistro. Große Auswahl an spanischen und französischen Käsesorten, Salatteller, Wurstplatten, ausgesuchte Weine, hausgemachte Desserts.
Bar Sa Cova: Cala Torret, Tel. 670 49 15 01, So geschl., moderat
Uriges Höhlenrestaurant mit nur 7 Tischen, aber großer Gartenterrasse. Die britischen Besitzer servieren Spezialitäten wie mariniertes Hühnchen mit Zwiebel-Champignon-Sauce.

Taller Sa Cova: Torret 56b (alter Ortsteil), Mo–Sa 10–12.30 Uhr
In ihrer kleinen Werkstatt, eingerichtet in einem alten Steinbruch, kreiert die Künstlerin Dina Albrecht formschönes Steinzeug mit Naturmotiven. Sie spricht Deutsch und freut sich über Besucher, die sich für ihre Arbeit interessieren.

Bar Paupa: Cala Torret
Treff für Taucher und andere Nachtschwärmer, direkt am Meer neben der Tauchschule. Schöne Aussichtsterrasse, Drinks und kleine Gerichte.

Hort de Sant Patrici – Landgut mit Käserei, liebevoll gestaltetem Museum, Verkaufsladen und herrlichen Gartenanlagen.

EXTRA-

Fünf Extra-Touren

1. Rätselhafte Steine – zu den Stätten der Ureinwohner:
Eine Auto- und Wandertour zu Talaiots und Taulas

2. Rund um Port Maó – alles ›very british‹:
Eine Bootsrundfahrt durch den Hafen von Maó

Touren

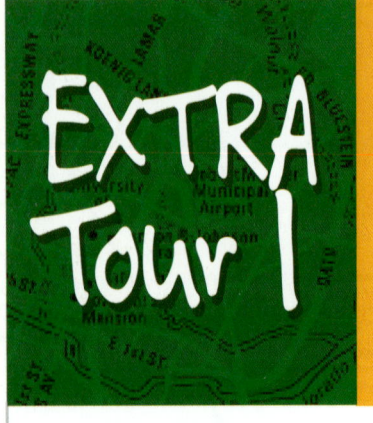

Rätselhafte Steine – zu den Stätten der Ureinwohner

Vor mehr als 4000 Jahren richteten sich die ersten Bewohner Menorcas in Felsgrotten, am Rande von fruchtbaren windgeschützten Schluchten ein. Ab dem 2. Jahrtausend v. Chr. entstanden die ersten Steinbauten, darunter bootsförmige Wohnstätten, unterirdische Grabräume und Steinkistengräber. Später wurden bootsförmige Begräbnisstätten, Rundhäuser, Türme und die mysteriösen Steintische errichtet. Die Spuren ihres Schaffens sind noch überall auf der Insel zu finden.

Das übersichtlich gestaltete Museu Municipal (Stadtmuseum) von **Ciutadella** bietet einen guten Einblick in die Welt der Ureinwohner. Die Ausstellung umfasst Abbildungen der prähistorischen Siedlungen sowie Fundstücke wie Statuen, Kultobjekte, Werkzeuge und Schmuckstücke.

Nur 3 km außerhalb der Stadt finden wir südlich der Hauptstraße ein lang gestrecktes Gebäude, das wie ein umgekehrtes Boot aus Stein auf dem Feld liegt. Es handelt sich um die berühmte **Naveta des Tudons,** eines der ältesten und meistbesuchten Steinmonumente der Insel. Die Nutzung dieser Begräbnisstätte geht bis auf ca. 1400 v. Chr. zurück. In der Grabkammer fand man Knochenreste von rund 100 verschiedenen Toten sowie Grabbeigaben aus Keramik und Bronze.

In der nur knapp 4 km entfernt gelegenen Siedlung von **Torrellafuda** finden wir einen aus großen Quadersteinen zusammengesetzten *talaiot*. Von diesen bis zu 14 m hohen Türmen, die vermutlich als eine Art Schutzburg dienten, sind heute noch mehrere hundert Exemplare auf der Insel zu finden. Aufgrund ihrer großen Zahl wird die gesamte Steinkultur der Ureinwohner als Talaiot-Kultur bezeichnet. Das Kleinod von Torrellafuda ist jedoch nicht der Turm, sondern die *taula,* ein kleiner Steintisch, der sich idyllisch unter Olivenbäumen versteckt.

Kurz vor Erreichen von Ferreries zweigt rechts die schmale Landstraße nach Es Migjorn Gran ab. 500 m nach Passieren der Brücke geht es rechts nach **Son Mercer de Baix.** Herausragendes Bauwerk dieser Siedlung ist die unter

Wenn das bloß hält: Taula bei Alaior

dem Namen **Cova des Moro** (Maurenhöhle) bekannte bootsförmige Wohnstätte, deren Bedachung von mediterranen Säulen gestützt wird. Hinter dem Gebäude kann man die Grundmauern weiterer Wohn-Navetes erkennen und die Reste einer ehemaligen Werkstatt, wo man Hinweise auf die Metallbearbeitung zur Herstellung von Werkzeugen, Waffen und Schmuckstücken aus Bronze, Kupfer, Eisen und Blei fand. Hinter dem Bauernhof von Son Mercer de Baix liegt im linken Feld eine unterirdische, in das Muttergеstein gearbeitete Begräbnishöhle mit länglichem Grundriss, vier seitlichen Grabbänken und einer Apsis mit zwei Nischen für Gebeine.

Südlich von Alaior erreichen wir **Torre d'en Gaumés,** eine weitläufige Anlage mit 3 *talaiots*, einem talaiotischen Rundhaus, einem *taula*-Bezirk, in dem eine Statuette von Imhotep, dem ägyptischen Gott der Medizin, gefunden wurde, einem Regenwasserauffangsystem und dem schönsten unterirdischen Säulengang der Insel, der vermutlich als Vorratskammer diente.

Ebenfalls im Gebiet von Alaior befindet sich der archäologische Park **Torralba d'en Salord.** Ein Übersichtsplan und die vor jedem Monument aufgestellten Tafeln verschaffen einen guten Überblick über die verschiedenen Bauwerke. Highlight der Siedlung ist die besterhaltene *taula* der Insel. Obwohl diese T-förmigen Steine den Wissenschaftlern noch immer Rätsel aufgeben, weisen die Funde von zahlreichen Tierknochen und großen Feuerstellen auf ihre Verwendung als Kult- und Opferstätten hin. Ein deutsches Forscherteam, das sich jahrelang mit den mysteriösen Steintischen beschäftigt hat, ist der Meinung, dass sie auch astronomischen Zwecken gedient haben könnten.

Hinter der von einem hufeisenförmigen Mauernring umgebenen Taula fanden die Archäologen einen gut erhaltenen Bronzestier, ein Prachtstück, das man heute im Museu de Menorca in Maó (S. 63) bestaunen kann. Dort können Archäologieinteressierte ihre in der freien Natur gesammelten Eindrücke vertiefen.

Auto- und Wandertour, Dauer: 1 Tag; beste Tage: Di–Sa

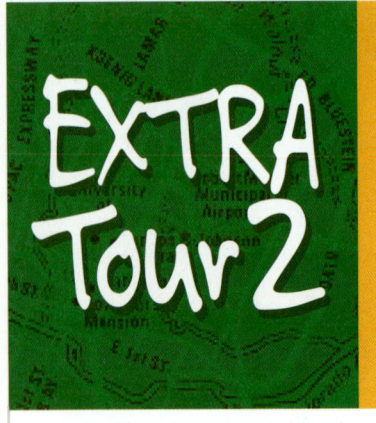

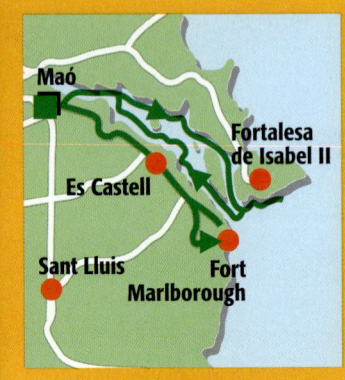

Rund um Port Maó –
alles ›very british‹

»Die Häfen der Inseln sind ihre
großen, natürlichen, wahren Türen«, schrieb der mallorquinische
Dichter Guillem Frontera. Über
den Hafen von Maó gelangten
nicht nur Waren, sondern auch
neues Gedankengut und kulturel-
le Strömungen nach Menorca. Besonders im 18. Jh. interessierten
sich die Seemächte Europas für
den geschützten Ankerplatz, die
starke Festung von Sant Felip war
ein Zankapfel der Nationen. Fast
70 Jahre hatten die Briten auf Menorca das Sagen, was noch heute
besonders rund um den Hafen zu
spüren ist.

Eine **Hafenrundfahrt** mit dem
gelben Katamaran gehört zum ab-
soluten *must* aller Menorca-Besu-
cher. Eine Stunde dauert die Fahrt
durch den größten Naturhafen
des Mittelmeers. Kaum hat der
Kapitän die Leinen gelöst, taucht
auf der Nordseite die **Halbinsel
Pinto** auf, die den Briten einst als
Seebasis diente. Die prachtvollen
Villen am Nordufer gehören reichen Menorquinern, spanischen
Schauspielern und englischen Millionären.

Hat das Boot einmal den inne-
ren Teil des Hafens verlassen,
kommt die große **Illa del Rei** (Kö-
nigsinsel) in Sicht, deren Name auf
die Landung des aragonesischen
Königs Alfons III. zurückgeht, der
Menorca 1287 von der maurischen Besetzung zurückeroberte.
Die Briten bauten in der zweiten
Hälfte des 18. Jh. ihr Militärkran-
kenhaus auf dieser Insel, die bald
darauf unter dem Namen *Bloody
Island* bekannt war.

Links auf dem Hügel thront das
prachtvolle rosa Villenhaus, das
die Engländer **Golden Farm** nen-
nen. Lord Nelson und Lady Hamil-
ton sollen dort Ende des 18. Jh.
ein geheimes Tête-à-tête gehabt
haben. Das von Wasser umgebene
weiße Häuschen mit der seitlichen
Treppe heißt **Little Venice** (Klein-
Venedig) und gehört dem englischen Multimillionär Richard
Brandson. Hinter einer weiß gekalkten Mauer verbirgt sich der
anglo-amerikanische Friedhof, auf
dem britische Diplomaten und
amerikanische Seeleute ihre letzte
Ruhe fanden.

Die luxuriösen Ferienhäuser der
Cala Llonga gehören vor allem
Festlandspaniern und (europäi-
schen) Ausländern. Nach Passie-

Wahrzeichen von Port de Maó: Mô, die Meerjungfrau Menorcas

ren der **Lazarett-Insel** kommen am Rand der Steilküste von **La Mola** mehrere britische Verteidigungstürme in Sicht. An der südlichen Hafeneinfahrt liegen die Reste der **Festung Sant Felip,** die die Briten im 18. Jh. zu einer der größten militärischen Anlagen Europas ausgebaut hatten.

An der Südseite des Hafens erstreckt sich auch die britische Garnisonsstadt **Es Castell,** das *Georgetown* der Engländer, dessen Stadtbild noch heute von englischen Zollhäuschen mit roter Fassade, schnurgeraden Straßen und Häusern mit Vertikalschiebefenstern geprägt wird.

Oberhalb der idyllischen Bucht **Cala Fonduco** steht das rote **Collingwood House,** in dem Lord Collingwood, Oberbefehlshaber der britischen Flotte, Ende des 18. Jh. eine Zeit verbracht haben soll. Heute ist das Gebäude ein charmantes Hotel, in dem vor allem Engländer ihre Ferien verbringen. Oberhalb des Spielcasinos erhebt sich das im britischen Kolonialstil gestaltete **Hotel Port Mahón,** eines der ersten der Insel.

Ein herrlicher Blick auf die Skyline der Altstadt von Maó bildet den Abschluss der Hafenrundfahrt. Mit dem Auto fahren wir nun Richtung Es Castell und folgen dem Schild **Fort Marlborough.** Diese Festung an der idyllischen Bucht Sant Esteve wurde von den Briten im 18. Jh. zum Schutz des Forts von Sant Felip gebaut. Vor wenigen Jahren entstand in den alten Gemäuern ein hochmodernes Museum, das den Besucher in etwa 45 Minuten in die Zeit versetzt, als Menorca zwischen Briten, Franzosen und Spaniern heiß umkämpft war.

Die Eindrücke der Zeitreise kann man im Militärmuseum von **Es Castell** vertiefen oder bei einem Mittagessen an der Hafenbucht von **Cales Fonts** ausklingen lassen. Ein stilvoller Abschluss ist auch ein Drink in einem der englischen Pubs oder an Peters Getränkekiosk auf dem von britischen Kasernen und dem rot gestrichenen Rathaus umgebenen ehemaligen Exerzierplatz. Dort treffen sich Andalusier, Menorquiner, Briten, und auch der Pfarrer aus der nahen anglikanischen Kirche schaut gern auf ein Bierchen vorbei.

Boots-/Autotour, Dauer: 4–5 Std., bester Tag: So

Wenn Feinde nahen – die Wachttürme von Menorca

Trutzig steht der mächtige Festungsturm auf der Felsnase aus dunklem Schieferstein, weiß brandet das Meer an die Klippe. Noch immer scheint der Turm von **Sa Mesquida** seine Wach- und Verteidigungsfunktion auszuüben, obwohl heute weder Piraten noch Schmuggler an diesem Küstenstreifen landen. Die Häusergruppe unterhalb des Turmes entstand erst im 20. Jh. Ältere Siedlungen gibt es an Menorcas Küsten nicht, denn in den vergangenen Jahrhunderten machten Piratenschiffe aus der Türkei und Nordafrika den Insulanern das Leben schwer. Deshalb wurden Ortschaften und Bauernhäuser nicht direkt am Meer gebaut, sondern möglichst weit im Inselinneren versteckt.

Die am Ende von lang gestreckten Meeresarmen gelegenen Städte Ciutadella und Maó mussten sich mit hohen Stadtmauern umgeben, und an der Hafenausfahrt von Maó wurde schon im 16. Jh. mit dem Bau einer starken Festung begonnen. In Küstennähe entstanden auf erhöhten Punkten *atalayas,* Wachttürme in Form eines Zylinders, die aus Stein und Mörtel gebaut wurden. Ihre Aufgabe bestand darin, die Ankunft feindlicher Schiffe zu melden. Hierfür wurden in der Nacht Feuer angezündet und tagsüber Rauchsignale gesendet.

Die *torres de defensa* (Verteidigungstürme), die mit Geschützen, Lagerräumen für Lebensmittel und Munition und einer Zisterne ausgestattet wurden, entstanden im 17. und 18. Jh. Einige dieser Türme bauten die Spanier in den Jahren 1782–98; die Briten errichteten während der napoleonischen Kriege 11 weitere, darunter die **Torre d'Addaia,** die wir von Sa Mesquida aus auf der Nordstraße erreichen. Dieser Turm entstand im Jahr 1800 und erhebt sich am Rand der lang gestreckten Cala d'Addaia unweit der Stelle, an der die Briten das dritte Mal ihren Fuß auf die Insel gesetzt hatten.

10 km von Addaia findet man in **Fornells** gleich zwei Beispiele für die britischen Verteidigungstürme. Die weite Bucht von Fornells war schon immer ein beliebter Ankerplatz und bei schlechtem Wetter wichtiger Schutzhafen an der

Trutzige Wacht am Meer: Torre de Sa Mesquida

Nordküste der Insel. Deshalb wurden im Laufe der Geschichte verschiedene Wach- und Verteidigungsanlagen gebaut. Zuerst im Jahr 1630, als ein Wachtturm hoch oben auf **La Mola de Fornells** nahende Feinde melden sollte. 1625 begann man mit dem Bau des **Fort de Sant Antoni,** das 1670 fertig gestellt wurde. Im Schutze der Festung entwickelte sich dann die Fischersiedlung von Fornells, die einzige alte, gewachsene Ortschaft direkt am Meer.

Die Briten bauten im Jahr 1800 den Verteidigungsturm auf der **Illa de ses Sargantanes,** der wie ein kleines Fort mit Zisterne, Pulvermagazin und drei Kanonen ausgestattet war, die genau auf die Hafeneinfahrt ausgerichtet waren. Zum gleichen Zeitpunkt entstand die **Torre de Fornells** oberhalb der Hafeneinfahrt, die im Jahr 2000 vollkommen restauriert wurde (Kasten S. 59). In den zu einem modernen Museum umgestalteten Räumlichkeiten finden Besucher eine aufschlussreiche Ausstellung über das Verteidigungssystem der Insel.

Auf zwei Stockwerken sieht man Lagerräume, Vorratskammern und den Offizierssaal. Auf der Dachterrasse sind nicht nur die Stellplätze der Kanonen erhalten, sondern auch der Ofen, in dem die Kanonenkugeln glühend erhitzt wurden, um damit feindliche Schiffe in Brand zu setzen.

Nach dem Museumsbesuch und einer Mittagpause in einem der vielen Fischlokale von Fornells geht die Fahrt weiter Richtung **Cap de Cavalleria.** Dort gründeten die Römer vor mehr als 2000 Jahren ein Feldlager, die Mauren bauten eine Moschee und die Briten errichteten die **Torre de Sa Nitja,** einen starken Verteidigungsturm.

Das im alten Landgut **Santa Teresa** eingerichtete Ökomuseum gibt einen guten Überblick über die Besiedlung dieses Küstengebiets, und die Tische und Stühle, die unter den schattigen Kiefern stehen, sind ein herrlicher Platz, um bei einem Kaffee den Blick über das römische Ausgrabungsfeld bis zum Leuchtturm auf dem Kap, zum britischen Wachtturm und zu den weißen Booten des Schutzhafens von **Sa Nitja** schweifen zu lassen.

Autotour, Dauer: 1 Tag, beste Tage: Di-Sa

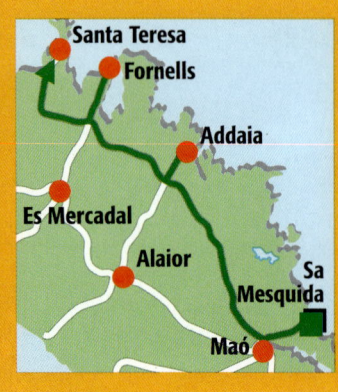

Die Tramuntana
– das Käseparadies
Menorcas

Das Tramuntana-Gebiet ist das am
wenigsten besiedelte Territorium
Menorcas: Wald- und Weideflächen, sanftes Hügelland und 200
bis 800 Hektar große Landgüter
mit blendend weißen Gutshöfen
bestimmen das Bild des Inselnordens. Der raue Wind beugt nicht
nur die Olivenbäume nach Süden,
er trägt auch Meerwasser in mi-
kroskopischen Tropfen über die
Insel und berieselt damit die Weiden. Dadurch erhält das Gras
einen ganz besonderen Ge-
schmack, der sich auf die Kuh-
milch und somit auch auf den
Käse überträgt.

Schon vor mehr als 2000 Jahren
nannten die Griechen Menorca
Meloussa, die ›Viehreiche‹. Menorquinischer Käse soll schon bei
Karthagern und Römern beliebt
gewesen sein, und Bischof Seve-
rus pries 417 in seiner Enzyklika
den ›Caseum vaccinium‹. Expor-
tiert wurde der Käse vermutlich
seit dem 13. Jh. in verschiedene
Länder des Mittelmeers, besonders beliebt war er in Italien, und

im 18. Jh. hatte sich der Name
Queso Mahón, nach dem Her-
kunftshafen, eingebürgert. Seit
1985 besitzt der Queso Mahón-
Menorca eine geschützte Her-
kunftsbezeichnung und ist nach
dem Manchego der meistverkauf-
te Käse Spaniens. Auf den Viehweiden des Nordens steht heute
aber meist schwarzbuntes friesi-
sches Vieh, nur noch vereinzelt die
rotbraune menorquinische Rasse.

Eine Fahrt auf der **Nordstraße**
führt durch die Wald- und Wie-
sengebiete des Tramuntana-Ge-
biets. An den Gattertoren zu den
Bauernhöfen finden wir fast
immer ein kleines grünes Schild,
auf dem der Name des Hofes
und ein Hinweis auf die Mitglied-
schaft bei der **Käsegenossen-
schaft Coinga** vermerkt ist.

Diese Cooperative verfügt über
mehr als 100 Mitgliedshöfe auf
der ganzen Insel und eine Produk-
tionsstätte in der Stadt **Alaior**, die
wir über den Weg von Binifabini
erreichen. Im Ausstellungs- und
Verkaufsraum der im südlichen
Stadtgebiet gelegenen Cooperative sind Besucher immer gern will-
kommen (Carrer Mercadal 2–4).
Ein Videofilm erzählt von der Geschichte des menorquinischen

Alles Käse! Der Queso Mahón ist pikant, aromatisch, lecker ...

Kuhkäses, erklärt den Produktionsablauf und macht den Besucher mit den verschiedenen Käsesorten vertraut. Jedes Jahr produziert Coinga mehr als 1000 Tonnen Käse, das bedeutet etwa die Hälfte der Gesamtproduktion der Insel. Der Löwenanteil wird in Spanien selbst konsumiert, nur etwa 5 % gehen in den Export, wobei Deutschland mit 2 % der wichtigste ausländische Abnehmer ist.

Je nach Reifezeit unterscheidet man die verschiedenen Käsesorten *tierno, semicurado, Alaior* (eine Spezialität von Coinga) und *curado.* Die Besucher können alle Sorten probieren und ganze Käselaiber oder auch Portionen erwerben. Über den Innenhof der Fabrik, wo die Tankwagen ihre Milch abliefern, gelangt man über eine Rampe zu den Fenstern, die einen Blick in die Produktionshallen ermöglichen.

Nördlich der Altstadt setzen wir die Reise auf dem **Camí d'en Kane** fort. Diese historische Inselstraße führt uns in vielen Windungen an prachtvollen, blitzsauberen Höfen und unzähligen Viehweiden bis nach Es Mercadal. Von dort sind es nur wenige Minuten

bis nach **Ferreries,** auf dessen Marktplatz jeden Samstag vormittag ein lebhafter Bauernmarkt stattfindet, auf dem auch Käse verkauft wird.

Das Hinweisschild am Ortsrand führt uns zum Landgut **Hort de Sant Patrici.** Inmitten herrlicher Gartenanlagen haben Mini und Lluís Casals in den ehemaligen Schweineställen ihre große Reifekammer und ein kleines Museum eingerichtet. Dort können Besucher hölzerne Käsepressen und alte Gerätschaften betrachten, einen Videofilm anschauen und Käse probieren. Ein Teil der Produktion ist *queso artesano,* der aus Rohmilch und von Hand hergestellt wird. Am frühen Vormittag kann man dem Käsemeister bei seiner Arbeit zuschauen. Das geschmackvoll eingerichtete Delikatessengeschäft neben der Käserei bietet kiloweise Käse, dazu Honig, Feigenmarmelade, duftende Kamillenblüten und knusprige Mandelplätzchen. Man kann auch durch den Garten spazieren und eine Verschnaufpause unter schattigen Bäumen einlegen.

Autotour, Dauer: 4–5 Stunden, bester Tag: Sa

Sant Patrici
Es Mercadal **Binifabini**
Ferreries
Alaior
Port de Maó

Natur Pur: Steifzüge durch den Naturpark Albufera des Grau

Der Naturpark **Albufera des Grau** mit seinen Wäldern, Weiden und Wiesen, einer 70 Hektar großen Lagune, schilfbestandenen Wassertümpeln und herrlichen Badebuchten ist ein ideales Wandergebiet, denn auf wenigen Quadratkilometern finden Naturfreunde alle Landschaftsformen sowie viele seltene Pflanzen- und Tierarten. Das kleine Holzhäuschen mit Informationstafel und Lageplan am Eingang zur Siedlung **Es Grau** gibt einen Überblick über die verschiedenen Wanderpfade.

Wir wählen die **blaue Route** und gehen knapp 5 Min. auf der Landstraße zurück, bis wir ein hölzernes Gattertor erreichen, das den Eingang zur größten Feuchtzone der Insel bildet. Das Wasser- und Sumpfgebiet ist ein Reservat für viele einheimische Vogelarten. Unter den Wasservögeln können wir Stockenten, Blässhühner und Teichhühner beobachten, im Schilf stolzieren Seiden- und Graureiher und in den Lüften ziehen Raubvögel wie der Rote Milan, der Stein-

adler und der Wanderfalke ihre Kreise.

Eine Brücke führt über den Kanal **La Gola,** der die Lagune mit dem Meer verbindet. Dem Schild Mirador folgend, wandern wir auf hölzernen Stegen vorbei an Tamarisken und anderen salzresistenten Pflanzen, die auf einer Informationstafel präsentiert werden. Nach Passieren einer Trockensteinmauer informiert eine direkt am See aufgestellte Tafel über die Fische und Vögel in der Lagune. Seit dem Ende des 12. Jh. wird dort Aalfang betrieben. Die in den Bauernhäusern am Ufer lebenden Familien haben noch heute die Erlaubnis, mit besonderen, an Stöcken befestigten Netzen Aale zu fangen.

Ein recht steiler Stufenweg führt zum **Mirador**, einer Aussichtsplattform, von der sich ein herrlicher Panoramablick über die Wasserfläche eröffnet. Auf Keramiktafeln ist ein Lageplan sowie die Tier- und Pflanzenwelt des Naturparks abgebildet. Nach dem Abstieg biegt ein weiterer Steg links in Richtung Kiefernwäldchen ab. Am Ende des schattigen Pfades informieren Tafeln über Marder, Siebenschläfer und Kaninchen, die in der küstennahen

Nette Begegnung am Camí des Cavall, dem ›Pferde-Weg‹

Macchiavegetation leben, sowie über die baumartigen Wolfsmilchgewächse, Mastixsträucher und den fünfblättrigen Backenklee, der vom Wind zu rundlichen Kissen geformt wird.

Der Waldweg endet zwischen flachen Dünen am Nordrand der sandigen Bucht. Dort steigen wir links den Hügel nach oben und folgen dem breiten Weg, der im weiten Bogen eine Niederung umrundet, eine einzeln stehende Kiefer passiert und kurz darauf ins nächste Wäldchen eintaucht. Der schattige Pfad endet nach einer Rechtsbiegung auf einer baumlosen Hochebene. Dort eröffnet sich ein traumhafter Blick bis zum schwarz-weiß gestreiften Leuchtturm von Favàritx.

Im Vordergrund erhebt sich der starke Wachtturm **Sa Torreta** aus dem 18. Jh. Nach wenigen Metern führt links ein abschüssiger Pfad hinunter zu einer steinigen Bucht. Von dort kann man auf dem Küstenpfad, der zum Teil auf dem historischen **Camí des Cavall,** dem ›Pferdeweg‹, verläuft, der für die Wachmannschaften der Verteidigungstürme angelegt wurde, weiter nach Norden in Richtung des Leuchtturms von Favàritx wandern und dabei menschenleere Strände, schilfbestandene Wassertümpel und eine schroffe Schieferlandschaft entdecken.

Auf der Hochebene folgen wir dem Weg immer in Richtung der vorgelagerten Insel **Illa d'en Colom**, gehen dann links und sehen bald unterhalb des Steilhangs etliche Miniaturstrände, die als Geheimtipp für hüllenlose Schwimmer gelten. Nach der Badepause geht's zurück, wir passieren eine kleine Bucht mit weißem Ferienhäuschen, steigen den nächsten Hügel auf losem Schieferstein steil nach oben, umrunden den Strand von **Es Grau,** um dann in der kleinen Bar Es Grao unter schattigen Tamarisken auszuruhen.

Auf der **grünen Route** kann man am südlichen Seeufer von kleinen Hügeln aus viele schöne Ausblicke genießen: auf felsigen Inselchen haben Kormorane und andere Wasservögel einen Ruheplatz gefunden und der **Prat,** eine saisonal überflutete Moorzone, dient Enten und Reihern als Rückzugsgebiet.

Auto- und Wandertour, Dauer: 1/2 Tag

Impressum/Fotonachweis

Fotonachweis

Titel: Blick auf die Cala Macarellata
S. 1: Wasser-Nixen an der Cala de Algaiarens
S. 2/3: Reiter übt den Hinterhandstand für die Festa Sant Joan
S. 4/5: Ferrerías, eines der weißen Dörfer im Inselinneren
S. 26/27: Traumbucht an der Südwestküste: Cala Macarellata

Rainer Hackenberg, Köln: S. 6/7, 14, 16, 26/27, 35, 38, 50, 53, 56, 58, 60/61, 65, 89
Huber/laif, Köln: Titel, S. 8/9, 41, 43, 47, 66, 69, 70, 85
Monica Gumm/White Star, Hamburg: S. 1, 2/3, 4/5, 10, 18, 31, 33, 37, 49, 54, 75, 79, 93
Michael Pasdzior, Hamburg: S. 29, 87, 91

Kartographie: Berndtson & Berndtson Productions GmbH, Fürstenfeldbruck. © DuMont Reiseverlag.

Die Deutsche Bibliothek – CIP-Einheitsaufnahme:

Albert, Kristine:
Menorca / Kristine Albert.
- Köln : DuMont, 2002
(DuMont Extra)
ISBN 3-7701-5706-0

Grafisches Konzept: Groschwitz, Hamburg
© 2002 DuMont Reiseverlag, Köln
Alle Rechte vorbehalten
Druck: Rasch, Bramsche
Buchbinderische Verarbeitung: Bramscher Buchbinder Betriebe

ISBN 3-7701-5706-0

Register